创新型人才培养探索与实践

张 颖 著

哈尔滨出版社
HARBIN PUBLISHING HOUSE

图书在版编目(CIP)数据

创新型人才培养探索与实践 / 张颖著. —— 哈尔滨：哈尔滨出版社,2023.9

ISBN 978-7-5484-7601-6

Ⅰ.①创… Ⅱ.①张… Ⅲ.①高等学校－人才培养－研究－中国 Ⅳ.①G649.2

中国国家版本馆 CIP 数据核字(2023)第 192790 号

书　　名：创新型人才培养探索与实践

CHUANGXINXING RENCAI PEIYANG TANSUO YU SHIJIAN

作　　者：张　颖 著
责任编辑：李金秋
装帧设计：钟晓图

出版发行：哈尔滨出版社(Harbin Publishing House)
社　　址：哈尔滨市香坊区泰山路 82-9 号　　邮编：150090
经　　销：全国新华书店
印　　刷：三河市嵩川印刷有限公司
网　　址：www.hrbcbs.com
E － mail：hrbcbs@yeah.net

编辑版权热线：(0451)87900271　87900272
销售热线：(0451)87900202　87900203

开　　本：710 mm×1000 mm　1/16　印张：10.25　字数：118 千字
版　　次：2023 年 9 月第 1 版
印　　次：2024 年 1 月第 1 次印刷
书　　号：ISBN 978-7-5484-7601-6
定　　价：68.00 元

凡购本社图书发现印装错误，请与本社印制部联系调换。
服务热线：(0451)87900279

目 录

第一章 创新与创新文化 … 1
第一节 创新的概念、特点及类型 … 1
第二节 创新文化的内涵 … 6
第三节 中国创新文化的发展历程 … 12

第二章 创新型人才概述 … 21
第一节 中外创新型人才的标准 … 21
第二节 创新型人才的基本素质及其培养 … 26

第三章 高校与创新型人才培养 … 63
第一节 高校在创新型人才培养中的地位 … 63
第二节 我国高校创新教育的发展趋势 … 64
第三节 我国创新型人才培养的历程 … 71
第四节 我国创新型人才培养的特点 … 74

第四章 高校创新型人才培养模式 … 78
第一节 建立创新型人才培养模式的时代背景 … 78
第二节 中外高校创新型人才培养模式 … 80
第三节 创新型人才培养模式的影响因素 … 83
第四节 高校创新型人才的培养模式及要求 … 88
第五节 高校创新型人才培养模式的发展策略 … 102

第五章　高校创新型人才的培养实践 …… 112
第一节　高校创新型人才培养要素 …… 112
第二节　创造力的培养 …… 114
第三节　借助优秀传统文化提升创新素质 …… 120
第四节　高校教学和管理方式的调整 …… 127

第六章　我国高校创新型人才发展战略 …… 142
第一节　人才战略概述 …… 142
第二节　高校实施创新型人才战略的内容 …… 144
第三节　我国高校实施创新型人才战略的方法 …… 148

参考文献 …… 159

第一章　创新与创新文化

第一节　创新的概念、特点及类型

一、创新的概念

最早论述创新的学者当推著名的经济学家熊彼特，他将创新这个概念纳入经济发展理论之中，论证了创新在经济发展过程中的重大作用。根据熊彼特的论述，将创新的概念分为几种情况：①采用一种新的产品，也就是消费者还不熟悉的产品，或开发产品的某种新的特性；②采用一种新的生产方法，也就是有关制造部门尚未鉴定通过的方法，这种新的方法不需要建立在新的科学发现的基础之上，但可作为生产产品的一种新方式；③开辟一个新的市场，也就是有关国家的某一制造部门以前不曾进入的市场，不管这个市场以前是否存在过；④掠取或控制原材料或半成品的一种新的供应来源，也不问这种来源是已经存在的，还是第一次创造出来的；⑤创造任何一种工业上的新组织，比如造成一种垄断地位，或打破一种垄断地位。

创新从经济现象开始，随着科学技术的进步和经济的发展，人们对创新的认识也在不断扩展和深化，而且已扩展至科学、政治、文化和教育等各个方面。其中既有涉及技术性变化的创新，如知识创新、技术创新和工艺创新等，也有涉及非技术性变化的创新，如组织创新、管理创新、政策创新等。创新已经成为人类社会进步过程中的普遍现象。

概括性来说，创新是指以现有的思维模式提出有别于常规或常人思路的见解为导向，利用现有的知识和物质，在特定的环境中，本着理想化需要或为满足社会需求而改进或创造新的事物、方法、元素、路径、环境，并能获得一定有益效果的行为。

创新是人类特有的认知能力和实践能力，是人类主观能动性的高级表现，是推动民族进步和社会发展的不竭动力。一个民族要想走在时代前列，就一刻也不能没有创新思维，一刻也不能停止各种创新。创新在经济、科技、社会学以及建筑学等领域的研究中举足轻重。

二、创新的特点

同所有的流程一样，要想创新成功，必须把握住创新的一些深层特性。创新是人类特有的活动。创新是在意识支配下进行的创造性活动，在人类社会之外，其他动植物只是进化、演化，而不是创新。

创新是有规律的实践活动，需要以扎实的专业知识为基础，以艰苦卓绝的精神劳动为途径，以敏锐的观察力、丰富的想象力、深刻的洞察力为导向，反映符合事物发展要求的基本规律。

创新是突破性的实践活动。它不是一般的重复劳动，更不是对原有内容的简单修补，而必须是突破性的发展、根本性的变革、综合性的创造。创新是继承中的升华，继承是创新的必然。

(一) 基本特点

1. 价值性

创新以价值创造或价值增加为最终目标,因而特别强调效益的产生。创新可以重新组合生产要素,从而改变资源产出,因而具有明显、具体的价值和社会效益。所以,创新是一个创造财富、产生效益的过程。对于企业来说,创新利润是最重要、最基础的部分,也只有创新利润才能够反映出企业的活力。

2. 风险性

创新可能成功,也可能失败,这种不确定性构成了创新的风险。因此,在创新过程中,只准成功、不许失败的要求是不切实际的,只能通过缜密的设计、严格的实施和科学的管理来尽量降低创新的风险。

3. 动态性

创新是一个动态的过程。在知识经济条件下,唯一的不变就是一切都在变,而且变化得越来越快。因此,任何创新都不可能一劳永逸,只有不断地变革和创新,才能适应时代发展的要求。

4. 不确定性

任何创新都有不确定性,创新的实现与扩散过程,也就是创新的不确定性逐步消除的过程。任何人都不可能了解所有关于既定创新的全面信息,例如,无法准确地预测既定创新的资源投入,无法把握创新产品市场的完全信息,无法确定既定创新所采用技术的性质和效能等。这些不确定性可以被概括为投入和产出的不确定性,这种不确定性使创新成为一个团队或一个组织进行的最无法预测和最难以捉摸的活动。

5. 综合性

创新不是凭空设想。一项创新活动需要广泛的知识和深厚的科技理论功底。在学习的时候，人们往往是按学科和课程分开学习，但如果把思想仅仅束缚在某一门课程的知识范围内就很难进行创新。创新需要把各相关学科的知识加以综合利用，融会贯通。作为一个完整的产品创新活动，需要完成由产品发明到开发直至市场化的过程。在这个过程中，除了需要发明者的科技知识，还需要各有关方面具体创新执行者的密切配合，主要是生产工作者和经营管理者的密切配合，创新才能成功。创新过程每一个阶段的工作往往不是仅凭一个人的能力就能完成的。不同的人在其中所起的作用不同，但一项创新产品的成功必然是众多参与者集体智慧的结晶。

（二）主要特点

创新最主要的特点是新颖性和价值性。

1. 新颖性

新颖性包括：①世界新颖性或绝对新颖性；②局部新颖性；③主观新颖性，即只是对创造者个人来说是前所未有的。创新不是模仿、再造，而是对现有事物的扬弃，是一种深刻的变革。因此，新颖性是创新的首要特征。

2. 价值性

价值性与新颖性密切相关，世界新颖性的价值层次最高，局部新颖性次之，主观新颖性再次之。需要注意的是没有价值的创新不能称为创新，如 1998 年美国人大卫·史密斯制造了梅利莎电脑病毒，到案发时已使 100 万台电脑瘫痪，造成 8000 万美元的经济损失。这不是创造价值，而是价值大破坏的负面典型。

三、创新的类型

关于创新的分类方法有很多种，可以从创新的程度、创新的应用对象和环境等不同角度进行分类。

从创新的程度分类，创新有三种类型：①突破性创新，其特征是打破陈规，改变传统和大步跃进；②渐进式创新，特征是采取下一逻辑步骤，让事物越来越美好；③运用式创新，特征是采用横向思维，以全新的方式应用原有事物。

从创新的应用对象分类，创新可分为七种类型：①思维创新；②产品（服务）创新；③技术创新；④组织与制度创新；⑤管理创新；⑥营销创新；⑦文化创新。

在知识社会环境下，创新包括知识创新、技术创新和现代科技引领的管理创新三种类型。①知识创新的核心是科学研究，是新的思想观念和公理体系的产生，其直接结果是新的概念范畴和理论学说的产生，为人类认识世界和改造世界提供新的世界观和方法论。②技术创新的核心内容是科学技术的发明和创造的价值实现，其直接结果是推动科学技术进步与应用创新的良性互动，提高社会生产力的发展水平，进而促进社会经济的增长。③管理创新既包括宏观管理层面上的创新，如社会政治、经济和管理等方面的制度创新，也包括微观管理层面上的创新，其核心内容是科技引领的管理变革，其直接结果是激发人们的创造性和积极性，促使社会资源的合理配置，最终推动社会的进步。

知识创新、技术创新与管理创新是相辅相成的。知识创新是技术创新和管理创新的文化基础，没有新的理论学说和公理体系，就不可能有技术创新和管理创新；技术创新反过来又为知识创新和管理创新奠定了必要的物质基础；管理创新则为知识创新和技术创新提供必要的微观环境和宏观环境。技术创新是社会发展的"硬件"，而知识创新和管理创新则是社会进步的"软件"，它们对国家的发展和社会的进步起着关键性的作用，是社会进步的动力源。

第二节 创新文化的内涵

创新文化，一般是指在创新活动过程中所营造的、能积极促进更多创新行为或创新效果的一种文化环境。相应地，反创新文化一般是指在创新活动中的一种不能促进创新反而有碍创新环境形成的文化环境。

一、创新文化是一种科学的、理性的文化

科学的理性的文化是指以科学的世界观和方法论为指导，体现合理的价值观，以科学的精神和理性的态度对待一切事物的思想文化。创新文化就是一种具有科学品格和科学精神的文化，也是一种具有理性精神的文化。从哲学角度讲，科学精神就是彻底的唯物主义精神，也就是解放思想、实事求是、与时俱进的精神，包括尊重科学的理性精神，尊重规律的严谨态度，追求真理、敢于质疑的理性精神，公正、平等的科学态度。

二、创新文化是一种人性化的文化

人性化是指对人的生存状况的关注、对人的尊严与符合人性的生活条件的肯定以及对人类的解放与自由的追求等等。在任何时候，人都是文化的介体、载体、对象物和创造者。文化是人创造的，也只能服务于人和作用于人。创新往往是由个人发动的，这个人在经济社会发展的环境中能够感受到创新的机会，触发创新的灵感，并愿意承担将创新引入经济社会体系所带来的风险，以及具有将创新变成现实生产力的能力。因此，在创新过程中，必须以人为对象，积极张扬和表现他们的创造能力与独特个性，启迪、引导、激励和鼓舞创新者从事创新活动。在这个过程中，人，既是创新文化的起点，又是创新文化的终点。创新文化要发挥自身的作用和实现自身的价值，就必须具有充实的内容和积极的力量，充分展现人性化，以此而使人乐于接受并从接受中获得启发、教益、信念和力量。这是创新文化所必须具有的资质与品格。创新文化只有具备了这样的资质与品格，才能对人发挥积极的作用，并达到激励人创新的目的。

三、创新文化是一种尊重实践的、宽容的文化

（一）创新文化是一种尊重实践的文化

创新活动中，人总是抱着一定的目的，使用一定的工具，采取一定的方法去改造客观世界，并获取成果以此满足人的生存和生活需要。几千年来人类所创造的文明，不是自然过程自发的产物，而是人在处理与

世界的多重关系中，由人的能动活动创造出来的。通过人脑的创造性思维，在反映世界的同时，从无到有、从少到多、从量的增长到质的飞跃改变着世界。人不会停留在某种已经形成的东西上，不会满足于某种已经获得的规定性，包括已有的知识存量和智力水平。创新源于实践的要求，又要在实践中实现自身。人总是通过自己的活动再生产、再创造自己的新的存在状况和新的特性与本质，包括再生产、再创造新的知识及其新的传播和应用方式。知识的开发、更新与创新，既体现着、也推动着人改变世界的积极的、创造性的活动，同时也改变、塑造着人的主体性与人的本质，使人在与世界交往的各项活动中，具有更为积极、有力的主体性。创新过程实际上就是在实践中发现问题、认识问题、解决问题，再回到实践、指导实践的过程。要使创新取得成功，必须发扬艰苦奋斗的精神，深入实际，勇于进行探索性的实践活动。

创新既要从实践中来，又必须能够回到实践中去。创新的检验标准只能是实践，是与之相关的内部与外部效果，是经历了时间的长久影响。创新是有目的地付诸实践的行动，要产生对象性的存在，要造成客观世界的改变。只有在实践中才能产生创新成果，同时又在实践中检验创新成果的有效性。

无论是理论创新还是实践创新都有较大程度的不确定性。就理论创新而言，它本身只是一种可能，它的关于种种可能向未来现实转化的超前意识，只掌握着未来现实世界的一般规律，不能掌握未来现实世界的特殊或个别。尽管它是一种思维具体，但思维具体本质上还是一般，它远没有未来的现实存在丰富、多样。理论创新不确定性的客观原因在于认识对象的不确定性，其主观原因在于主体素质结构的不完善性。就实践创新而言，尽管创新之前通过缜密的理论研究，可以预见实践的发展，采取相应的措施，缩小实践发展的可能性空间，从而减少其不确定性，达到预期目的。然而，在开始进行这种实践创新时，人们由于主客观原因，比如对客观对象的性质和规律还不十分了解，更难把握客观对象时出现的各种偶然性因素，加上客观对象的物质手段和行为规范的缺乏或不完善，以及客观事物的复杂和多变等，因而，人们就会对实践过程中的许多因素预见不到，实践结果也往往和预想中的不同。这种情况在实践创新史上屡见不鲜。

（二）创新文化是一种宽容的文化

由于客观对象的不确定性，以及主观上对事物认识的不完善性，创新具有较大程度的不确定性，是一项具有很高风险的活动，成功率很低，失败的可能性很大。因此，对于失败，社会必须采取包容的态度，"胜不骄，败不馁"，失败了可以重来，对于失败者，更需要尊重和鼓励。而且，能人多非完人，他们在某些或某一方面有出众之长，但在许多方面则有常人之短。许多创新大智往往出自偏才、奇才，与其超凡才华相伴，多有某些缺点、性格缺陷甚至怪癖，如历史上的不少创新大才，给人清高、孤傲，甚至愚痴疯癫的印象。因此，宽容创新者的缺点，扬长避短，把每个人的特长发挥出来，把创新的欲望、潜力、激情、才华发掘出来，调动起来，就会形成新思想、新成果竞相涌现的局面。

科技创新中，必然要经过错误与失败，错误观点就是人们寻求真理留下的足迹。在某种意义上，正确与错误是相对于人类本身发展的一定历史阶段的认识水平和实践的限制而言的。真理是发展的，人们只是不断从相对真理向绝对真理前进。任何人都是生活在一定的历史社会条件之中，所以，任何人的见解或多或少总会带有这样那样的局限性。科学史上高峰迭起，但哪怕是树起划时代丰碑的思想巨匠们，也不可能堆起一座后人不可攀越的高峰。尽管他们的理论正确反映了客观世界的某些规律，但也不可避免地打上了某一时代的烙印，显示出相对真理的特性来，任何伟大的学说同人类认识世界的总体过程相比都相形见绌。企业创新中，完成一项创新，一次就获得成功的概率很小，一般总是失败的次数多于成功的次数。如果不允许犯错误，不允许失败，就等于禁止创新。美国的硅谷之所以迅速发展，这与美国人喜欢创新，不遵循传统，敢于冒险，不惧怕失败的个性有着密切关系。

四、创新文化是一种多元的、开放的文化

多元的开放的文化是一种海纳百川、博采古今中外之长、广集世界百家精华的文化。创新文化首先意味着多元的开放的思想观念，只有在多元的开放的思想观念指导下，创新文化才具有创新性。任何先进的文化总是处在不断的发展和变化之中，总是随着人类的经济发展程度不断变化，总是能够适应和满足时代进步、社会发展的要求。任何僵死的、停滞的文化都是落后的文化表现形态。由于历史的发展，文化及其对时代进步、社会经济发展的适应和满足从来都不是一成不变的，当时代更替、社会经济条件发生变更时，文化也必须应时而革新，使自己饱含新的时代内容，才能产生积极的力量。创新文化就要保持"开明、开放、接纳、多元"的精神，需要不断根据经济基础的发展来进行调整，要根据变化了的新的经济、政治形势与时俱进，不仅要继承中国优秀文化传

统，还要立足现实，适应新的实践和时代要求，吸收和借鉴各国古代和现代文化的先进成果。

五、创新文化是发挥自主性与提倡团队协作相统一的文化

所谓的自主性，概括地说，就是指人们在认识运动和实践活动中，独立地发现问题和解决问题的性格品质，是人具有的支配自己的权力和责任，是人的主体地位的确证，是人的本质的特征。自主性的最突出表现形式为：独立自主的意识、怀疑与批判的精神、自信心、勇于探索的精神等等。这些都是人们进行创造性活动，并取得成功的必要条件。有自主性的人，他能够通过自己独立的认知与实践活动，积极主动地去变革外部世界来满足自己的需求。因而他具有强烈的创新意识与创新欲望，并且能够积极地去从事创造活动。而缺乏自主性的人，总是以消极等待的方式来适应外部环境。自主性是相对于他人的独立性，相对于社会的自由性和相对于客体的进攻性而言的。自主意味着站在自己的一边，尽可能依靠自力更生和不需要依赖别人的能力。当然，自主性并不意味着可以忽视外部的限制，而是允许创新主体考虑这些外部限制并把这些限制穿插进对现实更为清晰的描述之中，以作为创新的基础，自主是使创新主体避免不知所措的关键，又为创新的成功打下基础。自主性既是人类追求的目标，又是人类进行创造性的劳动来实现其目标的必要条件。我们认识世界、改造世界的最终目标，就是为了增强人的自主性。主体之所以能发挥其能动性创造性，就在于它具有自主性。因为只有当主体能够支配他自己时，才能支配他物。任何主体只有切实地感到自己是活动的主人，才能产生活动的热情，才能全身心地投入活动的过程并关心

活动的结果，才能迸发出想象力、意志力和创造力。如果主体缺乏自主性，言行都不能自主，那么他只能是一个循规蹈矩的人。在创新的天地里必将缩手缩脚，一事无成。

第三节 中国创新文化的发展历程

一、中国古代创新文化

（一）中国古代文化背景下的创新概况

从历史维度看，中国文化很早就趋于成熟态，并产生了深远的影响，物质文明与科技文明也在早期硕果累累，例如生铁炼钢术、青铜器制造术、丝绸制作技术、制瓷技术、四大发明、华佗解剖术、祖冲之发现圆周率、拉线播种技术、造桥技术等。

相对独立的自然环境使中国文化源远流长，保持完整、独立的风格。封闭性使文化具有连续性但开拓意识淡薄，同时成功抵御外来文化的侵袭，使得历史传承的文化因素难以被彻底抛弃。社会经济思想强调农业生产为本、商业为末，而自足、安逸的农耕生产方式培育出其他一些文化特点，如倚重经验而轻抽象思维，秉持中庸之道而扼杀挑战权威的创新精神。

纵观中华文化的漫长历史，养育中国古代文化的土壤是一种区别于开放性的海洋环境的半封闭的大陆环境；是一种既不同于游牧经济，也不同于工商业经济的农业型自然经济；是一种与古希腊、古罗马的城邦共和制、元首共和制、军事独裁制以及印度种姓制均有差别的、家国一体的宗法社会。中国传统文化更偏爱"守祖制"，在传统文化基因上对"创新"存在某种程度的偏见、警觉甚至敌视，因而无论是在社会制度改革还是在技术革新方面，创新往往阻力很大，面临很大的风险。中国传统文化在两千多年的封建社会中大多居于"中心"地位，多数朝代更替都沿袭了传统文化，鲜有做出重大创新改革之士，例如，中华历史长河中的商鞅变法、王安石变法、张居正新政等在提出之时在社会上遭遇的阻力很大。

同样，传统中国在技术革新方面也趋于保守和传统，数百年不变的农耕模式和技术工艺往往强调的是"传承"而非革新（特别是在很多手工艺技术方面居然出现类似"只可言传""传男不传女"等保守思想，严重阻碍了技术扩散与模仿创新等）。从当今促进创新的角度看，这些传统文化基因也许会成为文化发展的障碍。例如，商鞅作为战国时代最有影响力的思想家、改革家，因秦孝公的"求贤令"而由魏入秦施展其政治抱负，推行商鞅变法20年，让秦国国力大增、持续发展，但作为改革者，商鞅本人因变法触犯贵族利益受车裂而死。

古代社会中，技术创新往往比制度创新的阻力要小一点，因为其触动既得利益者的利益更少些。即便是这样，传统中华文化往往对新技术的接纳、扩散也持谨慎或阻碍的态度，"技"和"术"不被社会阶层广泛接受，相关从业者社会地位普遍较低。也许有些学者会认为本人的观点有些偏颇，我们也承认在中华历史长河中有很多反例，有很多"非物质文化遗产"继承人拥有一定的高超技艺，但很多创新技术都岌岌可危——要么是技术本身不具有创新推广价值，要么是农耕社会的作坊式狭隘的技术传承观念，使得中国传统社会的新技术创新潜力未能充分发挥出来。

(二) 以古代传统文化为基础的创新资源

虽然中国古代社会整体创新文化和创新环境有一定的局限性，但如果能够借助优秀的传统文化，也能够促进创新文化的发展。

1. 和而不同的包容精神是创新文化生成的基石

西周末年就有"夫和实生物，同则不继"的说法，即认识到事物的本质是对立统一的。孔子在此基础上提出了"和而不同"的思想。孔子所说的"和"与"同"是在处理人际关系时的两种不同态度，从而引申出两种不同的思想境界。我们可以看出，"和"的前提是"不同"，"不同"的目的是求"和"。只有尊重"不同"，也就是说只有在尊重多样性的基础上，才能达到的和谐共生，和谐发展。这样对待事物才能做到没有私心偏见，以客观事物的本来面目来对待他们，所以"和而不同"的包容精神包含着我们推崇的尊重事物客观性的科学精神。

"和而不同"思想贯穿于中国传统文化的发展过程中。春秋战国时期，各诸侯国对不同文化采取兼收并蓄的态度，才促成了诸子百家学说共生的局面。而后中国对佛教、伊斯兰教、基督教等外来文化也秉持了"和而不同"的包容精神，在一定程度上接受并加以改造，他们共同组成了中国文化。中国传统文化得以延续至今，也正是在吸收、改造不同文化的过程中，不断充实、发展自身的结果，这些都显示了中国传统文化"和而不同"的科学精神。

"和而不同"在创新活动中是常见现象。在新产品设计中，经常有两种以上产品组成一种新的产品的情况。在企业创新方式中有一种常用的混合开发的产品方式，从企业外部引进部分技术，再加上企业独立开发的技术，结合成新产品。创新人员和创新团队经常有技术外包服务，还有以互联网技术为平台进行技术交流和创新合作。"和而不同"实质上是创新活动领域提倡的合作共赢的精神内核。由此可见，中国传统文化中"和而不同"的包容精神为创新文化的生成奠定了基石。

2. 自强不息的求索精神是创新文化生产的内在动力

创新活动往往充满了艰难和困苦，没有一定的精神支撑是很难成功的。中国传统文化的求索精神包含着自强不息的精神、不畏困难的精神、善于学习的精神和辛勤奋斗的精神。

《易经》开篇就提出"天行健，君子以自强不息"，这也是中国传统文化非常推崇的一种精神，它表明了靠自己奋斗才能成功是中国优秀文化中很重要的一个信条。中国的民间祭祀大多敬祖先胜过敬鬼神，反映了人们更相信自己的努力和以往的经验，而不是寄托于神力。这种精神能强有力地支撑人们不断战胜困难，不断推动创新文化的生成。

中国传统文化中有一个关于成功的理念是大的成就前面必有大的困难，这种对待困难的态度对创新活动很有启发意义。面对"路漫漫其修远兮"的求索艰难，我们的祖先推崇的是刻苦努力、克服困难。"故天将降大任于是人也，必先苦其心志，劳其筋骨，饿其体肤，空乏其身，行拂乱其所为，所以动心忍性，增益其所不能"等。这些都体现了中国自古以来就有为了获得更大的成就而艰苦奋斗、不畏惧困难的不断求索精神。在中华民族的历史长河中，这种不畏艰难的求索精神一直鼓舞着人们，成为后人奋发有为的强大的精神支柱。

3. 革故鼎新的创新精神为创新文化生成指引了方向

在中国传统文化经典中多处体现了与时俱进、革故鼎新的变革精神。《诗经》中的"周虽旧邦，其命维新"，表明了国家的使命只在于革新。《周易》作为中国传统文化的经典之首，其中有丰富的研究客观规律变化的内容。如"易，穷则变，变则通，通则久"，即事物发展达到一定的点，就必须发生变化，这样才会促进事物的发展，这里的变通就是创新；《礼记》中的"苟日新，日日新，又日新"，强调的是人们要勤于创新、不断创新。东汉时期魏伯阳提出"御政之首，鼎新革故"，把破旧立新作为了治国理政的第一要务。明清时期王夫之提出的"天地之德不易，天地之化日新"，"日新"指的就是不因循守旧的变革精神。

从中国传统文化的形成和发展的历程来看，其核心思想博大精深的内容不是静态存在的，而是不断转化、变革和创新的。相比较那些被历史所淘汰的外民族的古代文化，中国传统文化得以繁衍发展、传承弘扬，很重要的一点就是根据时代变化不断革故鼎新的结果。中国传统文化在革故鼎新中还强调要有居安思危的辩证精神。老子说"祸兮，福之所倚，福兮，祸之所伏"，孟子说"生于忧患而死于安乐"。这些经典名言都深刻体现出居安思危的忧患意识。在创新领域只有具备这种居安思危的辩证思想，才能推动创新活动不断发展。创新活动的方向就是不断地推出新东西，不断地向前。

二、中国当代创新文化

人类文明的发展史，是文化永不停歇地从创新中吸收力量、改善扩展、积极向上的历程。改革创新是民族文化生生不息的活力源泉，是推动文化繁荣发展的关键所在。一个地区乃至一个国家文明发展的脚步，都是在永远继承传统精华的基础上不断创新、完善的过程。只有文化创新的脚步不停歇，才能充分保证文化拥有新的精神和新时代的内涵，也只有这样才能让文化更有吸引力。创新是一国发展之基石，更是实现伟大"中国梦"的主导战略。中国特色社会主义文化源自传统文化，熔铸于革命文化和社会主义先进文化。中国梦的实现必然依赖于创新型国家的建设。可以说，创新文化在习近平新时代中国特色社会主义文化构建中占据重要地位。

（一）创新文化在中国特色社会主义文化中的地位越来越明显

创新文化是一笔精神财富，是实现中华民族伟大复兴的有力保证之一。想要尽早实现我们的"中国梦"，就要牢牢坚持将文化创新作为重点工作。这是经济、社会发展和建设社会主义的内在要求，是我们中华民族走向世界的必经之路。

1. 中国创新文化的发展以深厚的历史渊源为基础

中国创新文化是在其传统历史文化，社会主义革命、建设和改革中发展起来的。中国经历了几十年的改革开放，经济发展极为迅速，实力突飞猛进，这也为中国的文化发展建设提供了经济基础；随着人们生活水平的提升，更多的人开始追求文化、精神上的享受，这为中国文化建设发展提供了强大的推动力。文化的传播需要有效的交流，文化的发展需要有序的传承。

全面的创新文化需要现实实践的检验，这既是创新的根本，又是创新文化的标准。也只有以实践检验创新，用创新促进实践，形成良性循环，民族文化才能历久弥新，展现出强大的活力，推动中华民族的可持续发展。在继承和发扬传统文化的基础上，以社会实践和大脑创意去创新、去探索，展现时代风貌和社会文明的进程。一个民族，一个国家若没有一个较强而持久的文化创新力，这个国家也不会取得长足的进步和发展。所以，加快中国特色社会主义的伟大进程，需要进行文化创新，以多元化、多样化、创新化的文化促进经济发展、社会进步，符合新时代特征，符合人民群众的利益。因而创新文化的建设在中国特色社会主义的文化体系中的作用也就越来越明显。

2. 创新文化影响人类文明进步的脚步

纵观历史可以发现，文化的发展对科学技术的发展有着重要的推动意义。从某种角度来说，文化的创新直接影响了科技的创新。文化无时无刻不在创新，可以说人类文化的发展史从本质上来说就是人类文化的创新史。发展最终应以文化概念来定义，文化的繁荣是发展的最高目标。创新成果和科技发展其本质是人类文明进步的一种体现，同时是文化进步的必然结果。文化是从社会生产和实践中而来，一个民族，一个国家文化的发展历程和现状，很大程度上能反映出其民族或国家的社会、经济和政治形态，创新文化作为现代世界发展的一种重要文化，它自身的发展对于政治和经济起着推动作用。从世界发展层面来看，创新文化对于经济与社会的发展作用日益明显。

(二) 创新文化是激发全民族创造力的重要源泉

文化直接作用于人的精神层面，也就是说文化是人类精神活动的产物。文化创新就是对人精神层面创新的引导和刺激，客观的文化创新需要主观思想的主动性、创造性配合，深度挖掘和激发文化的活力。针对社会生活层面，由于人们的行业职业、岗位职责的差异化，社会实践也呈现出层次化、多样化的结构和态势，正是这种丰富多样、鲜明活泼、特点各异的社会实践推动了中国文化多元化的发展。文化是思想的沉淀，智慧的结晶，多元化的创新文化最终的来源是人，要充分坚持以人为本的核心理念，努力营造创新环境，激发创新思维，健全创新机制，以此调动广大群众对文化创新的热情和动力，最终达到全民文化创新的状态。

1. 创新文化能够更好地发挥人民群众的主体作用

在社会实践中，人民群众是物质生产的主体，是精神文化的创造者，是推动历史前进的决定力量。深入挖掘整个人类发展历程，不难发现，人民群众才是文化发展、创新和进步的根源。中国特色社会主义文化建设是一项全民运动，广大人民群众多种多样的实践经历，形成了无数的文化资源和创新素材，因此必须承认并尊重人民在社会主义文化发展过程中的主体地位。与此同时，我们要深刻认识到创新文化的构建能大大激发人民群众的创新潜能，从而增强人民群众在人类历史中的主体作用。

随着中国社会主义事业的深入发展，人们的综合素质水平得到了很大程度的提升，思想观念和价值追求也多种多样，进而有效地推动了我国文化创新的进程。创新文化，作为中国社会主义文化建设的重要组成部分，必须切实反映人民群众的新实践和新风貌，坚持从群众中来、到群众中去，依靠群众、发动群众的思想路线，深入挖掘人民群众的创新潜力，充分调动人民群众的创新积极性，引导和鼓励他们在生产生活中勇于探索，积极创新。

2. 推进创新文化发展能够更好地营造全社会创新的浓厚氛围

人才是创新的主体，创新的形态和进程是由人的观念、意识主导的。如果人的思想被传统所束缚，处于"牢笼"之中而不敢有所突破，囿于规则，一成不变，创新就永远不会实现。一个社会如果不具备创新意识和精神，没有足够的创新氛围，一切都故步自封、循规蹈矩，那这个社会就失去了前进的动力和活力，科技创新、经济繁荣也只能是纸上谈兵罢了。大力提倡构建社会主义创新文化，使创新思想深入人心，才能营造浓厚的全社会创新文化氛围，从而赋予人们更强大的包容心和耐心来对待创新过程中遇到的挫折，使创新能够获得长久的生命力和更广阔的发展空间；时代在进步，创新无止境，只有坚定不移地进行创新文化构建，创造浓厚的创新氛围和环境，才能助力中国社会健康、持久地发展。

第二章 创新型人才概述

"创新型人才"包含了"创新""人才"两个词的含义,创新型人才是具有创新意识、创新思维、创新能力、创新精神、创新人格的人。

第一节 中外创新型人才的标准

有了好的大学创新型文化,才能更好地培养创新型人才。本节内容旨在通过回顾国内外的创新型人才研究成果,对创新型人才的标准进行探索和讨论。

一、国内创新型人才标准

目前,各国于教育体制改革方面都对培养创新型人才给予了足够的重视,但各国对创新型人才都有着自己独特的认知和标准。我国大力倡导和支持学校、社会培养创新型人才,在这方面也进行了大量的研究。虽然取得了大量有价值的成果,但结论并不统一,比较具有代表性的观点如下。

第一,所谓创新型人才是指富于独创性,具有创造能力,能够提出、解决问题,开创事业新局面,对社会物质文明和精神文明建设做出创造性贡献的人。

第二，创新型人才的主要精神特点：有勇往直前、开拓进取的大无畏精神；有强烈而旺盛的求知欲和无穷无尽的创新欲；有积极主动的竞争意识和比较高的创造能力；具备正确的价值观和高尚情感等。

第三，创新型人才是指具有创造精神和创造能力的人，它是相对于不思创造、缺乏创造能力的比较保守的人而言的。这个概念与理论型、应用型、技艺型等人才类型的划分不是并列的。实际上，不论是哪种类型的人才，皆须具有创造性。

对创新的概念，不同的机构和组织有不同的认识和解读。创新应该是指创造、传播和应用知识，并且获取新的经济社会效益的过程，它的核心是知识创新，知识创新当中包括科学、技术创新和其创造性的应用，同时涉及制度、管理和文化创新等诸多要素。这个定义的准确度是比较高的。

从创新的实际内容角度分析，创新型人才实质上就是指那些能在科技、学术、管理等方面发挥创新性和创造性价值、做出杰出贡献的人才。比如，在国防技术方面，中国自力更生地完成了"两弹一星"制造的元勋邓稼先、钱学森、钱三强等人；在农业方面，被称为"世界杂交水稻之父"的中国水稻专家袁隆平，都是在各自工作的专业领域取得了卓越成就的创新型人才。判定创新型人才最主要的标准是这个人才在科学技术、国民经济、社会发展等各个领域所做出的贡献以及其在社会上的认可程度。比如，就原始创新来说，有形的社会认知程度就是科技论文，如在国际权威杂志上发表论文的数量，所发表的论文被引用的数量，当然也包括一些世界级或国家级大奖中取得的成绩或者在一些大型的项目中所扮演的角色及起到的作用等。

创新型人才要具备创新的思维和性格，在不同的工作岗位和工作环境中都能够进行创造性的工作，以创新性思维来处理难题，给人以"打开另一扇窗"的感觉。人才的创新不仅体现在其超凡的创造力和创新力上面，还需要以合格的创新品质为基础。在进行创新型人才的培育、引导过程中，不仅要注重创新性思维的指引和知识的传播，还要着力进行学生创新品质的引导，主要包括如下方面。

（一）高度的社会责任感和人文关怀以及追求科学、真理的激情

社会责任感、执着于真理、崇尚科学，是创新的有力驱动力量，也是创新型人才的目标与价值导向。就像爱因斯坦所认为的那样，一个真正意义上的科学家，对自身命运的一切走向把握，都应以工作为目的。这句话不单是在科学家身上适用，于创新型人才也有一定意义。

（二）关注现实问题的学术品格

马克思曾说，从一个时代的角度出发，"真正难以解决的不是答案，而是问题"，问题意识是答案最根本的来源，人没有问题意识就没有问题的存在；不发现问题，不提出问题，又何来创新之说。要着眼于世界的范围、国际的高度看待问题、探索问题，深度借鉴各国的文化精髓部分。在新时代的创新问题上，我们要充分将文化素质和科学精神有机整合在一起，从全局的角度，以综合的眼光，发现并解决问题，以此走向创新。

（三）严谨求真、勤奋踏实的学术态度和坚忍不拔的毅力

可以说，创新是人主观奋斗的结果。积极探索、追求上进，强烈的求知欲望和浓厚的兴趣，是促成创新的最大因素。沉淀、积累是创新的

基石，浮躁和急于求成是不利于创新的。

（四）怀疑、理性批判的精神

爱因斯坦说过，学校应该以培养善于独立思考、勇于实践的人才为目标，而且这种人才拥有高度的社会责任感和民族自豪感。他同时强调，独立思考和独立判断的能力非常重要，在日常教育中应当重点培育。大学中的创新型人才挖掘和培养，一定要重视对学生的独立思考能力和社会责任感方面的双重引导和鼓励，促使学生在对现有知识的独立思考中，提出自己的观点甚至是对权威、学术的怀疑和批判。

（五）开放的心态和团结协作的团队意识

随着社会的不断发展，知识框架不断完善，社会分工细化程度也越来越高，再加上一个人的认知范围和研究深度毕竟有限，学生应学会以开放的心态看待世界文化，善于学习、借鉴优秀的文化，用别人的智慧结晶和劳动成果，充实自身。另外，要着力培养学生团队合作的意识，充分认识自我，融入团队之中，取长补短，优势互补，避免因个人能力的不足而出现的困境。

二、国外创新型人才标准

国外对创新型人才的认知，主旨还是在突出人的个性化、全方位发展的基础上，强化创新意识的引导和创新能力的培养。这种思想一般深刻体现在国外相关大学对教育培养目标解释中。

在美国，自由在大学教育中占有重要的指导地位。20 世纪初期，美国著名教育家弗莱克斯纳明确提出大学教育存在的根本意义在于培养社会精英。20世纪中期，美国教育家赫钦斯指出美国高校教育体制的不合理之处——过于倾向人才培养上的专业化和非智力化。他主张教育的主体是人，教育的目的是培养"完人"。人应该是自由的、独立的存在，而不是一个工具。大学教育的目标是将人的理想表现出来，将德智体美整合起来，使智力和美学的造诣都达到最高水平，从而实现培养"完人"的理想目标。

美国有相当一部分高校都将培养创新型人才作为重要工作内容。从大学教育来说，哈佛大学是培养创新型人才的成功案例。哈佛所崇尚的办学理念是追求真理，强调人的突出地位，主张人的全面发展，包括情感和智力方面。哈佛从以下方面衡量人才：①简洁清晰的书面表达能力；②知晓认识和理解世界、认清社会和自身的方法，并能够进行相应的评判；③开放发展的文化视野以及建立在此基础上的学习能力；④对道德和伦理问题有自己独到的看法，能够在面对道德选择时做出独立的判断；⑤在精深的知识领域有较高的知识水平。

普林斯顿大学对本科生的毕业条件提出的要求，涵盖创新型人才所需具备的素质和能力及相关知识。其十二项标准是：①具有清楚的思维、表达、写作能力；②具有以批评的方式系统地推理的能力；③具有形成概念和解决问题的能力；④具有独立思考的能力；⑤具有敢于创新及独立工作的能力；⑥具有与他人合作的能力；⑦具有判断什么意味着彻底理解某种东西的能力；⑧具有辨识重要的东西与琐碎的东西、持久的东西与短暂的东西的能力；⑨熟悉不同的思维方式；⑩具有某一领域知识的深度；⑪具有观察不同学科、理念、文化的相关之处的能力；⑫具有一生求学不止的能力。

对于英国而言，大学教育发展的重点方向是，将学生打造成具有绅士气度的学者和领袖，根据英国教育学家纽曼的观点就是"学会思考、推理、比较、辨别和分析，情趣高雅，判断力强，视野开阔的人"。

英国剑桥大学副校长莱斯利表示创新就是在面对实际问题时，能够从已有的知识中挖掘出新的更有效的解决办法。通俗一点讲，知识可能并没有什么变化，但是其应用到实际问题上的方式变了，这就是创新。大学培养的人才要有很高的技术，非常宽的知识基础，很强的责任感、革新能力和灵活性。个人能够不断地获取新的技术以适应其需要。

德国大学的人才培养思想和观念受洪堡大学影响较深。在 20 世纪时，德国教育家雅斯贝尔斯首次将"全人"的概念公之于众，其思想主张创新以追求"全人"为前置条件。

第二节 创新型人才的基本素质及其培养

一、创新意识

（一）创新意识的概念

创新意识是在意识的基础上形成的。意识，指人脑的特殊机能和活动，是人所特有的对客观世界的反映。意识是行动的先导，人的意识支配人的行动。创新意识是指人们根据社会和个体生活发展的需要，引起创造新事物的观念和动机，在创造活动中表现出的意向、愿望和设想。它是人类意识活动中的一种积极的、富有成果的表现形式，是人们进行创造活动的出发点和内在动力，是创造性思维和创造力的前提。

创新意识是一种敢为人先、不断进取、求新求异的心理状态，是人脑在不断运动变化中自觉产生的积极革故鼎新、改造客观事物现状的意愿和欲望。可以认为，创新意识就是解放思想、实事求是、与时俱进、敢闯难关、敢冒风险的意识，就是以创新的观念审时度势、以创新的勇气直面难题、以创新的精神策划未来。

创新意识包括创造动机、创造兴趣、创造情感和创造意志。创造动机是创造活动的动力因素，它能推动和激励人们发动和维持创造性活动。创造兴趣能促进创造活动的成功，是促使人们积极探求新奇事物的一种心理倾向。创造情感是引起、推进乃至完成创造的心理因素，只有具备正确的创造情感才能使创造成功。创造意志是在创造中克服困难、冲破阻碍的心理因素，创造意志具有目的性、顽强性和自制性。

创新意识的培养和开发是培养创新型人才的起点，只有从小注意培养创新意识，才能为创新型人才的成长打下良好的基础。教育部门应以此为教学改革的重点之一，一个具有创新意识的民族才有希望成为知识经济时代的科技强国。

(二) 创新意识的作用

第一，创新意识是决定一个国家、民族创新能力最直接的精神力量。在今天，创新能力实际就是国家、民族发展能力的代名词，是一个国家和民族解决自身生存、发展问题能力大小的最客观和最重要的标志。

第二，创新意识促成社会多种因素的变化，推动社会的全面进步。创新意识根源于社会生产方式，它的形成和发展必然进一步推动社会生产方式的进步，从而带动经济的飞速发展，促进上层建筑的进步。创新意识推动人的思想解放，有利于人们形成开拓意识、领先意识等先进观念；创新意识会促进社会政治向更加民主、宽容的方向发展，这是创新发展需要的基本社会条件。这些条件反过来又促进创新意识的扩展，更有利于创新活动的进行。

第三，创新意识能促成人才素质结构的变化，提升人的本质力量。创新实质上确定了一种新的人才标准，它代表着人才素质变化的性质和方向，它传递着一种重要的信息：社会需要充满生机和活力的人、有开拓精神的人、有新思想道德素质和现代科学文化素质的人。它客观上引导人们朝这个目标提高自己的素质，使人的本质力量在更高的层次上得以确证。它激发人的主体性、能动性、创造性并使其进一步发挥，从而使人自身的内涵获得极大的丰富和扩展。

（三）培养创新意识的要点

培养创新意识对于创造有重要的意义。假如一个人仅仅精通了数学上的各个分支，掌握了各种各样的复杂的数学定理，那么他还不算是一个数学家。一个好数学家最重要的就是要有自己的创新，要能发现前人没有发现的问题，解决前人没有解决的问题，这才能算是一个真正的数学家。所以一个人应该有广博的知识，做到"学富五车"，但另一方面应该有创新意识。

创新意识的培养，实际上是关于创造、创新中的非智力因素的培养问题。非智力因素几乎都是后天培养的。培养学生的创新意识，首先要培养他们的事业心，帮助他们树立创新的理想，同时，还应从以下几方面着手。

1. 克服习惯心理和迷信心理，培养问题意识和怀疑意识

问题意识要求学生在日常生活和学习中，遇事都要问个为什么，不放过任何疑点，养成爱琢磨、爱钻研、勤学好问的习惯。巴尔扎克有句名言："问号是开辟一切科学的钥匙。"发明创造始于问题。问题就是矛盾，有了需要解决的问题，才需要思考，学习才有主动性。思维是由矛盾引起的，问题是矛盾的表现形式，学习中提不出问题，是学习不深入的表现，能提出问题是肯于动脑的结果。现实生活中对许多现象多数人熟视无睹，而有人却善于观察，问几个为什么，从而发现问题，有所创造。苹果落地，谁也不在意，牛顿却从中发现了万有引力；水开了锅盖被顶起，大家司空见惯，瓦特却因此发明了蒸汽机；商品大家每天都接触，只有马克思把它作问题研究，揭示了资本主义剩余价值规律。处处留心皆学问，凡事能问个为什么，就能有所发现，有所创造。

怀疑意识和问题意识有相通之处，但怀疑意识更强调对权威的挑战，对书本、对老师、对标准答案的不盲从。有些学生将书本奉为神明，不敢越雷池半步，或者把老师的话当圣旨，即使有问题也不敢怀疑。这些都是阻碍学生创新的壁障。

培养问题意识与怀疑意识，对学生来说，应做到三点。

(1) 积疑——勤问

积疑是指学生在学习时，要养成收集、记录生活学习过程中随时冒出来的疑问的习惯，一般要准备一个专门记录疑难问题的笔记本，随时记录。每天要抽出几分钟时间整理疑难问题，针对问题进行思考，或请

教同学、老师，并将思维结果记录在案。许多学生一个学期还提不出一两个问题，或者有了问题，等老师来了，他又忘了问题是什么，半天想不起来，这些都不利于学习和创新。勤问就是要多问，首先是问自己，其次是问别人。要敢于不耻下问。许多学得好的学生都有勤问的习惯，他们注意经常给自己提问题，因此对事物理解就比较深刻，思想也比较活跃。许多人发现，在学习中，凡是哪个地方自己以为懂了，没有什么好想的，却正是自己理解不够深刻的部分；凡是发现问题多的，倒是自己理解较为深刻的地方。心理研究表明，意识到问题的存在是思维的起点。问题意识不仅体现了个性思维的灵活性、深刻性，也反映了其独立性和创造性，在实际课堂教学中，问题意识对开发学生的智力，培养他们的创造能力具有同样积极的意义。从某种角度来说，教学过程实际上就是师生双方发现问题，提出问题和解决问题的过程。

（2）能疑——善问

能疑是指要加强学习，具备一定的知识和智力水平，掌握一定的创造思维方法，从不同角度，提出一些有价值的问题。善问是指提问也要注意一些方法和技巧。问人之前，自己先要细想，尽量做到有准备的问题，否则，即使别人解释得很详尽，你也可能仍感到若明若暗，所得肤浅；问人之后，要认真研究对方的答案。想一想别人解决问题的理由和根据是什么，要充分重视别人解决问题的方法，探讨别人处理问题的途径；要善于从比较中学习。要把别人的想法和自己原来的想法进行一些比较，从而纠正自己的错误，发现问题的根由。

（3）敢疑——穷问

敢疑，是要有坚持真理，挑战权威的勇气。不论是老师、书本或是其他权威，只要自己有疑问，就要敢于怀疑，不要怕人笑话，不要怕挨骂。有了怀疑，再去求证，去向别人请教，也许会有所创新；即使证明自己错了，也会得到经验，获得进步。在求证的过程中，要敢于穷问，对自己要多问几个为什么；请教别人时，也要打破砂锅问到底。穷问，是思维深刻的表现，也是创新突破的重要一环。在问的过程中，甚至还可以开展争论，争论可以激发灵感，促进思考深入。法国有一句名言，"真理是从各种意见的冲突中得来的。"通过争论，发挥集体智慧，互相启发，相得益彰。

2. 克服惰性心理，培养捕捉机遇、灵感的意识

机遇是指导致科技突破的原定研究进程所未料到的偶然事件或机会。其主要特点是意外性。灵感，是指研究者在创造活动中所出现的豁然开朗、思路突然贯通的顿悟状态。其特点：一是灵感引发的随机性，指灵感在何时、何地出现，受什么启迪或触媒而发生，都是不可预期的；二是显现的瞬间性，如不及时抓住，会转瞬即逝；三是灵感爆发的情感性，指灵感爆发的瞬间，创造者出现的迷狂、惊喜和情绪高涨等心态。机遇和灵感在创新活动中具有重要作用，常常是导致创新突破的导火索。善于捕捉机遇和灵感，是一个人创新能力的重要体现。但机遇和灵感更偏爱有准备的人，它是深思熟虑的必然结果，其偶然性中有必然性，只有热烈而顽强地致力于创造性地解决问题，灵感和机遇才会光顾。同样重要的，你还要时刻准备着，有善于捕捉机遇和灵感的意识，否则，哪怕灵感出现的次数再多，也会被视而不见，白白错过。要克服惰性心理，当灵感的火花闪现时，要及时追踪记录，当机遇来临时，要认真观察反

复思考，否则，灵感和机遇就会稍纵即逝，永难找回。培养捕捉机遇和灵感的意识，教师要经常鼓励学生质疑问难，不断强化他们的问题意识，使他们养成"多问几个为什么"的思维习惯；应设计丰富多彩的教学活动，设置不同的情境，培养学生的观察能力和判断力，要教导学生做科学创新的有心人，当灵感光顾，机遇来临时，要及时捕捉，记录在案。要对新想法、新发现进行认真研究，从中受到启迪，有所创新。

3. 克服依赖和盲从心理，培养独立意识和自主意识

创造性最讲究独一无二，不喜雷同。因此培养创新意识，要注意独立意识的培养。对学生来说，包括具有独立的人格，独立获取知识，独立钻研问题，具有自己独到的见解，不依赖别人，不盲从别人的意见，独树一帜。有的学生回答问题时，总容易受大多数人的影响，没有自己的主见。或者一遇到问题总是依赖别人，不去独立思考；有的人妄自菲薄，因而谨小慎微，唯唯诺诺。这些都是缺乏独立意识的表现。

同时，创造性是指对现实的超越，它是学生主体性的最高表现，因此培养自主意识十分重要。自主意识包括自我激励，自我控制和自主发展意识。学生依靠自己的意志而不是受外界的控制，把自己的注意力集中到所选择的事物上，并且克服困难，百折不挠，这实际上就是自我激励，自我调控。教学中，要使学生明白发展的主人是他自己，一个人的发展主要靠自己，别人只是辅助而不能替代。同时，要尊重学生，视学生为主人，让他们能够自主选择，自主活动，自主发展。

4. 克服恐惧心理，培养风险意识

有的同学把创新看得很神秘，认为那是科学家的事，自己想都不敢

想；也有的人对创新具有恐惧心理，害怕别人非议，害怕挫折。其实创新并不神秘，人人都具有创新能力。科学家的重大发明是创新，学生想出一道题目新的解法，或者写出一篇有新意的文章，也都是创新。潜在的创造力在人身上是沉睡着的力量，若不被唤醒，就会萎缩乃至泯灭。所以对创新的恐惧是完全不必要的，而应大胆开发。但是，由于创新是在走前人没有走过的路，难免会遇到困难，遭受挫折。科学发明也是有风险的。诺贝尔是冒着被炸死的危险发明炸药的，祖冲之提出使用自己创制的《大明历》时，受到许多人的攻讦。恩格斯说过："科学是一条崎岖的山路，没有平坦的路好走，只有不怕坎坷的人，才有希望到达光辉的顶点。"所以要想有所创新，就要有一定的风险意识和冒险精神，要有克服困难的勇气和百折不挠的意志。畏首畏尾的人是不可能有创新的。有的人遇到一点挫折就打退堂鼓，这些都是与创新无缘的。教学中要引导学生学习前人为真理而奋斗，不怕磨难甚至牺牲的崇高精神，树立为人类创新而不懈奋斗的信念。要解除学生对错误的恐惧心理，强调从错误中学习，鼓励学生敢于幻想，大胆试验，做敢想敢为、勇于创新的人。

二、创新能力

（一）创新能力的概念

能力，是指掌握和运用知识技能所需的个性心理特征。主要包括一般能力和特殊能力两种。前者指大多数人所普遍具有的能力，如记忆力、想象力、思考力、观察力等；后者指完成某种事宜或活动所必不可少而大多数人不具备的能力，如雕塑能力、舞蹈能力等。创新能力是人类区别于动物的本质特征和标志之一，是主体通过有目的的创新行为表现出来的积极的心理取向。创新是一种有目的的行为，而创新能力则是实施这种目的行为所必须具备的能力。

创新能力是一种综合能力，一般由以下几种能力构成：想象的能力、提出问题的能力、凭借信息的能力、整合的能力、分析问题的能力、设计和实验的能力、解决问题的能力、语言文字表达能力等。实际上任何一个正常人都具有以上几种能力，只不过是表现在创新能力上有强有弱，程度不一。也就是说人都有创新能力，只需去挖掘它并使其得到发挥。虽然人们都有创新的无限潜能，但大多数人只发挥了他们创新才能的极小部分。无论什么人，大脑都有很大的潜力可以开发和挖掘，关键是要了解和掌握培养创新能力的基本知识。

创新能力的特征可以概括为：善于接受新事物，善于萌发新的设想，善于发现问题，善于提出问题，善于在日常生活中提出新的观点和思路，善于提出解决问题的办法，善于成功地解决实践中出现的种种问题。

(二) 大学生创新能力培养的意义

1. 推进科教兴国战略，提高我国的综合国力和国际地位

当今世界各国之间竞争的重点已经转化为以经济、科技为中心的综合国力的较量，而归根到底则是作为科技载体的人才的竞争，谁率先拥有了具备较强创新能力的人才，谁将在这场激烈的国际竞争中争取到更大更宽松的发展环境。近代中国曾经在国际竞争中遭受的深重灾难，就是血的教训。我国与西方国家在教育模式上的差距，使我们不得不面对

的现实是我们的科技水平短时间内无法赶超发达国家，在某些领域甚至差距愈拉愈大，科学技术应用于生产力的转化周期相对较长。因此党和国家将科教兴国确定为我国的基本国策，是完全正确的。实施科教兴国战略，教育是基础，以创新能力教育为重点的高等教育，必须在科教兴国战略中发挥培养创新型人才的龙头作用。

2. 培养大学生的创新能力是全面推进素质教育的需要

全面推进素质教育，意味着以往的教育观念和教育模式将发生根本性的变革。以往的人才培养模式存在着两大弊端：一是由于对教育的本质缺乏全面的理解，导致了只重视智育，过分重视知识灌输与考试分数，忽视创新能力的培养；二是由于对"人的全面发展"缺乏本质的理解，造成德育、智育、体育、美育等诸方面教育各占一条线，发展不均衡。素质教育的一个重要方面是培养青年学生的创新能力，而创新能力的培养，只有通过创新教育才能达到预定的目标。青年的创新能力，是通过系统的学校教育来实现的。学生良好的素质一经形成，就会进入不断建构的轨道，并且会成为推动自身健康成长的内在力量。

3. 培养大学生的创新能力是实现人的现代化的需要

由知识型向智能型转变，是人的现代化的重要体现。这种转变不是否定知识的传授，传授知识是为了发展能力，传授知识依然是高等教育的重要任务。创新能力必须有坚实的知识基础和熟练的思维技巧。每一门学科都有其基础知识、基本理论和基本方法，这都是人们在认识有关事物的本质和规律的过程中建立和完善起来的。在传授知识的同时，就必须加强实践环节，使学生掌握科学的思维方法，培养学生的科学思维能力和独立获取知识的能力，使学生从被动接受知识转变为主动建立起自己的知识和能力体系，这是创新能力培养的基本思路。

面对时代发展提出的诸多挑战，我们只有认识创新能力、分析创新能力，进而掌握培养创新能力的基本方法，使我们培养出的学生具备一定的创新能力，为社会做出更大的贡献，才能牢牢把握住时代发展的主动权。

（三）创新能力培养的关键因素

1. 教师的创新素质

提高教师的创新素质是实施创新教育、培养高质量的创新型人才的关键。按照创新教育的要求，采取切实有效的措施，迅速提高所有教师的创新素质，已是开展创新教育、培养学生创新能力的核心内容。

（1）要确立以创新为本的素质教育思想

坚持正确的教育思想和理念是贯彻实施党的教育方针以及坚持教育的社会主义方向的重要保证。只有具有正确的教育思想和理念，才能科学地确定教育的目标，规范教育、教学的过程和行为。现阶段教育运行和发展中暴露出的许多新问题、新矛盾，从一定意义上讲这正是部分教师教育思想和理念的陈旧、滞后甚至扭曲所导致的结果。当前以素质教育为标志的适应未来经济社会发展要求的教育新思想、新理念，并没有真正在教师头脑中扎根，并没有真正内化成教师的素质。这就要求教师必须具有科学的教育哲学观，正确把握教育与经济社会发展的内在联系，敏锐观察和准确判断经济社会发展的新趋势、新特点以及对教育提出的新要求、新挑战，快捷地捕捉和掌握教育改革与发展的新信息，从而使自己的教育思想和理念永远处于时代的前沿。

(2) 增强培育创新型人才的责任感和使命感

能否培养高质量的创新型人才，努力提高全民族的创新素质，不仅关系到我国"三步走"战略的实施及成败，而且将从根本上关系到21世纪中华民族的复兴大业，即祖国的前途与命运。人才作为21世纪经济竞争的聚焦点，可以说，21世纪世界各国的竞争，说到底将是创新型人才素质的较量。因此，所有教育工作者尤其是广大教师，必须从21世纪中华民族伟大复兴的战略高度，充分认识到创新型人才培养的极端重要性，从而强化社会责任感、历史使命感。

培养高素质的人才，增强民族的创新力、竞争力，是实施创新教育的根本目标，也是教师的神圣使命。这不仅是所有教师社会责任感、使命感的重要内容和时代内涵，而且是教师劳动价值的最高体现。教师必须自觉地为民族振兴培养新一代创新型人才贡献聪明才智，并以此作为教师劳动成就感的最高标准。这也是新的历史条件下，教师素质培养与提高中必须特别需要重视的内容。

(3) 把塑造创新人格作为最高道德标准

教师都必须具有良好的职业道德，它要求教师热爱教育事业，敬业爱岗，乐于奉献等。随着经济社会的发展以及教育功能等方面的新变化，教师的职业道德标准也在不断变化和提升。未来经济社会的发展，要求把塑造创新人格，确定为教师职业道德的最高体现。创新人格塑造的具体内容主要表现为：教师必须牢固地确立以人为本的教育理念，通过教师的劳动使受教育者具有全面发展的能力，能适应未来经济社会的不断变化而有尊严地生活和工作。这里有两个十分重要的因素：第一是"全面发展的能力"。第二是"有尊严地生活和工作"。这两个方面都对教师的道德标准提出了新的挑战。

教师的最高道德还体现在能为学生未来有尊严地生活和工作奠定基础。这就要求教师要重视学生价值观的教育，不仅使其具有健康的人生价值取向，而且要具有正确的价值判断标准和较强的自我规范意识及能力；培养其自觉的法治意识、守法精神；注重于心理素质的培养，并提高其适应社会发展变化的能力；尤其必须把政治思想、道德伦理的教育放在突出的地位等。因此，努力提高所有教师的育人意识注重提高其育人的能力，是教师素质培养与提高的一项重要任务。

(4) 正确处理好继承与创新、个性与共性的关系

第一，处理好继承与创新的关系。面对时代的发展，尤其是新技术革命的挑战，我国面向21世纪的人才不仅要继承人类科学文化的优秀成果，更要有创新精神和能力。只是让学生掌握人类已经形成的知识和一些现成的结论是不够的，更重要的是让学生掌握这些知识是如何被发现的，这些理论是如何获得的，以便启示他们去创新。

继承和创新是对立统一的关系。继承是创新的基石，创新教育也必然是在对传统教育扬弃的基础上进行的。我们不能因为创新而抛弃了好的教育传统和教学方法。同时不能把创新与继承对立起来，即使是优秀的传统教学方法也是提倡创新的，如启发式的原则、循序渐进的原则、教学相长的原则、因材施教的原则等，也要随时代的发展赋予新的内容。

第二，处理好共性与个性的关系。传统的专业教育过分强调共性，按照单一的模式要求均衡发展，把优良的考试成绩作为教与学的唯一目标。统一教材、统一教学内容、统一教学组织形式、统一教学方法、统

一标准答案，按照完全统一的规格进行培养，所培养的人才成了同一模式的复制品，却忽视了个人兴趣、爱好和天赋特长。把"个性"等同于"个人主义"，把发展个性与目无组织纪律、自由散漫相提并论，个性问题成为理论研究的禁区。人们的个性发展受到严重制约，培养的学生千人一面，没有个性，扼杀了学生的创造潜能。很显然，这既不符合教育规律，不利于人才的成长，特别是创新型人才的发现和培养，也不利于高等教育的发展。可以说，这样的教育模式，无异于泯灭个性、扼杀创造，与现代的创新教育观是相矛盾的。

(5) 科学揭示创新型人才成长规律

优秀的教师都想把自己的学生培养成高素质的人才，并以此为目标在各自的岗位上辛勤耕耘，无怨无悔，表现出高度的社会使命感、责任感。但现实或结果常常使许多教师陷入痛苦的境地，因为良好的、辛勤的劳动并不总是能得到预想的结果。例如课堂上教师总是想多讲一些知识，但学生对"填鸭式"的课堂教学常常表现为没有兴趣，甚至对教师失去亲和感；教师想通过布置大量的习题使学生对所学的知识加以巩固，但许多学生表现出越来越强烈的负担感，以至于产生厌恶的情绪；教师想通过考试并按分数排名来激励和刺激学生努力学习，但结果是导致许多学生的心理逆反乃至心理扭曲等。

当前在部分学生中表现出来的诸如心理扭曲、行为失控甚至恶性事件等令人忧虑的现象，都是我们所有教师始料未及的，这无疑是对教师提出的严峻挑战。究其原因，显然又是十分复杂的，但一个根本性的问题，是我们教师缺乏对人才成长规律的研究，缺乏对新的历史条件下教育教学规律的研究，集中到一点是缺乏对我们的教育对象的研究。因为缺乏科学的研究，我们的教育教学行为及过程常常具有较严重的不合理性、非科学性，甚至背离了客观规律。这就是我们学校教育中存在的新的矛盾，也是我们教师面临的新的困境。要解决这一矛盾、走出这一困境，虽然也取决于诸多因素的共同作用，但关键在于教师必须注重研究人才成长的规律，认真探索教育教学规律的新特点，尤其是要对自己的教育对象进行科学的研究。只有如此，我们的教育教学行为才能符合客观规律。我们美好的动机、善良的出发点才能达到预想的结果。

（6）注重学生知识的整合和内化

创新型人才的重要素质之一，就是知识的综合性，这也是综合素质的重要内容以及实施素质教育的重要目标。但知识的综合性并不能简单地理解为一种机械的拼凑，或者表现为各种不同的知识板块的机械组合，而应当理解为对各种不同知识的一种整合能力、内化能力，表现为知识的融合性、渗透性。必须明确，学生知识整合、内化能力的培养，不是传统的"专业"叠加，即"专业+专业"，也不是狭义的专业再加局部的综合，即"专业+综合"。如果把学生知识的综合化仅仅理解为学科知识的叠加，其结果往往容易造成学生课程及作业负担的加重。

尽管学生的知识整合、内化能力的培养也是一项系统工程，需要教育的综合改革，尤其是课程结构、课程内容等方面的改革，但教师在教学过程中是否具有各种学科知识的综合、整合、渗透能力，是最为重要的方面。显然，素质教育、创新型人才的培养，不仅要求教师素养的综合化，而且要求教师在教学过程中迅速提高知识渗透、整合的能力。

2. 有利于创新的环境

创新能力的培养取决于宽松的、有利的环境，它是创造性产生的重要外因。心理学家普遍认为，环境刺激引起认知解释，认知解释引起唤醒的知觉，唤醒的知觉导致情绪体验。

（1）营造有利于创新的社会环境

美国心理学家索里·特尔福德认为，创造性是由主体生活在其中的那种"社会气氛"即"创造性环境"培养出来的。培养创新能力必须营造一个崇尚创新的社会环境和社会氛围。在全社会营造出有利创新、鼓励创新的环境系统，就要在以下方面下功夫。

第一，正确处理好教育行政部门与学校之间的关系。在我们的教育管理体制中，教育行政部门对学校管得太宽、太死，学校缺乏一定的自主权，只能在统一规定的教育模式中运行和发展，一定程度上阻碍了学校自身创新性的发挥，不利于学校按自身特点培养创新型人才。

第二，利用有效的舆论手段引导全社会形成对人才的正确认识，在全社会形成尊重知识、尊重人才，特别是重视知识创新和技术创新以及创新型人才的社会风气，只有在这种有利于创新的社会风气中，才会提高人们的求知欲，激发人们的创新兴趣，促进新思路的开拓。有必要通过政策及法律法规的制定来促进和保护人们的创新激情和创新成果，如进一步健全知识产权法。制定创新型人才培养政策和创新奖励政策等，全面推进民族创新风气的形成。

第三，建立由知识创新和技术创新的相关机构和组织构成的国家创新体系。它由科研机构、高等院校和其他一些教育培训机构组成，其主要功能在于促进知识创新和技术创新以及知识的传播和应用，具体包括创新资源的配置、创新活动的开展、创新制度的建立以及相关基础设施的建设等。

（2）营造有利于创新的学校环境

学校是知识传播、知识创新、人才培养的主阵地，学校环境对创新型人才培养有着熏陶与潜移默化的感染作用。

第一，校园精神的培育。校园精神是一所大学始终如一保持着的学术传统和办学理念，是几代甚至几十代的积累传承下来的习惯力量。世界一流大学都非常注重形成和培养自己的学术传统和学术精神，并以这种学术传统和学术精神熏陶着一代代学子。剑桥大学长期以来形成了注重学识渊博与学术自由、重视知识的内在价值、强调发挥个人才智和潜力的传统，这种学术传统熏陶了历代剑桥学子，使他们不仅学术功底深厚，各方面的能力尤其是质疑、创新能力也出类拔萃，因而剑桥也成为诺贝尔奖获得者的摇篮。北京大学在一百多年的办学历程中形成了爱国、进步、民主、科学、学术自由、与社会相结合等多方面的优良传统，在治学上体现了执着、宽松、厚重、为先的精神，这对北大学子无疑是一笔宝贵的财富。因此，每所大学都要注重培养以文化底蕴为基础和内涵的校园精神，使学生在校园精神的熏陶下成长成才。

第二，社团作用的发挥。学校里各种社团是人才成长的一个重要的团体环境。大学生社团是大学生基于一定的兴趣、爱好、特长而建立的非正式群体组织。学校应该鼓励和引导社团的组织与发展。因为现代科学向纵深、综合、交叉发展，个人的知识、见解总有局限，而群体之间的讨论会相互启发，产生"碰撞中的火花"，尤其是在不同专业、不同特长、不同层次的学术个体之间。

第三，教学环境的营造。首先，课堂教学环境。课堂教学环境应该是一种宽松的自由的环境，不应该成为老师的"一言堂"。课堂教学是一个启发、培养学生创造意识的重要场所，教师必须注意把传授知识与培养创造能力结合起来，把创造思维的训练方法引入教学过程。而思维方法是各种方法的核心，是区分智力高低的标志。一流的大学、一流的师资和一流的教学环境，其学生必定在专业领域内更具创新性，更善于深思熟虑，更具有分析批判和洞察力。其次，评价机制。从学生的角度而言，评价机制就是对学生学习效果的评价。现行的评价机制实际上仍然是以学生考试成绩作为依据，严重忽视了每一学生个体自身的独特性。其实，每一个学生的特点都是不一样的，不能以考分作为唯一的标准给他们进行排位。教师必须转变观念，控制个人的好恶，承认每一学生个体的差异，并尊重他们的个性，承认每一个体的潜能，从而激发出他们的创造性。改变长期以来重理论轻实践、重知识轻能力的观念，建立起一种开放的、多元的、特殊的评价机制。

第四，营造有利于创新的科研环境。从社会心理学角度看，人们都有一种从众心理，如果有少数人在搞科研，就会带动一部分人，如果有一部分人在搞科研，就会带动一大批人。科研应该有组织、有方向。组织是多方面的，可以是兴趣小组，也可以是科研协会，还可以是课题组等，对一些优秀的学生，可以采取倾斜措施，实施有目的、有重点的培养。

(四) 完善创新能力培养的措施

1. 搭建创新能力培养平台

基于素质教育平台之上的创新能力培养才能体现系统化、规范化和科学化。

(1) 素质教育是充分开发受教育者潜能的教育

对人的潜能的开发，实际上就是更充分地利用和优化人自身的自然潜质。素质教育正是凭借教育手段，充分利用和优化受教育者自身自然潜质的主要途径。

(2) 素质教育是以社会文化塑造合格社会成员的教育

充分开发人的潜能，这只是素质教育内涵的一个侧面。事实上，个体在后天的现实发展不可能而且不应该只停留在实现类进化所积累的潜能这一水准。促进人的发展，不仅依赖于对人的身心潜能的充分开发，而且依赖于以社会的物质和精神文化对个体的"加工"和"塑造"，使其获得新的本性、新的特质，这是素质教育的又一重要侧面。素质教育的这一侧面的含义与"个体社会化"的概念基本相同。

在特定的社会与文化环境中，个体形成适应于这一社会与文化的人格（或个性），掌握社会所公认的行为规范与方式的过程，就叫个体社会化。这是通过个体与社会环境相互发生作用而实现的，是社会行为规范与方式内化到个体身上的过程，也是把一个生物人转化为社会人的过程。

从个体成长发展的过程看，要使一个人成为一个社会人，必须通过教育对其本能加以调控，使其符合社会的规范。素质教育的重要职能，正是要把一个人从生物个体培养成能够独立生活、独立工作，能在特定社会条件下接替社会空缺，完善和发展社会生活的人。

2. 完善培养措施

（1）构建富有创新性的教育教学管理体制

第一，通过改革，从体制上确立起教学和科研在学校全部工作中的中心地位。大学以教学科研为中心，这是不容置疑的。但近几年的实际工作中，大学并没有完全保证教学科研的中心地位，具体表现在：干部制度的"官本位"、机构设置和后勤管理体制的行政化，造成了只对上负责和服务、办事效率低下、服务功能不强的情况，在收入上也未能体现教学科研的中心地位。因此，改革的方向要进一步明确，首先要精简行政机构、理顺各部门职能，干部选拔要引入竞争机制。通过改革增强干部、后勤人员为教学科研服务的意识，提高服务水平。

第二，通过改革，构建适应创新教育要求的现代化教学管理模式和教学管理手段。创新教育环境的形成是实现创新教育的前提，创新教育要求建立符合实现创新教育的教育、教学运行机制，它包含了现代化的教学管理模式和教学管理手段，这种模式和手段无不体现了教育的创造性和开拓性，它为创新教育的实现创造了前提。目前多数院校的教学管理模式和教学管理手段的特点还是整齐划一、无个性的学年制模式和依靠落后的经验进行教学管理的手段，因此阻碍了创新教育的实现。要构建创新教学管理模式和教学管理手段，一是要实现完全意义上的学分制；二是要构建现代化的教育和教学管理手段。

（2）构建适应创新教育要求的课程体系和教学内容

学生创新能力的培养主要是通过富有创造性的课程体系和教学内容的系统教育而实现的。构建创新的课程体系和教学内容就是要克服目前专业设置和课程体系的专业口径过窄、课程体系固定死板、只着眼于把已给定的知识灌输给受教育者的做法。一方面要根据大学各自特点，依据中华人民共和国教育部颁布的本科专业目录构建完全学分制课程体系和教学内容，体现创新，加强基础，压缩课时，扩大选修课比重，避免重复，且必修课时每周不应超过20学时。要鼓励教师创新性教学，鼓励学生通过自主的选课机制培养富有创新个性的专业知识结构和文理渗透、理工结合的文化素质；另一方面，教学方法要体现创新性。一是要鼓励教师创新教学方式，课堂教学要改变传统的灌输式讲课，并以启发训练学生创新思维为目的；二是学生的作业、考查、考核应以锻炼和检查学生的创新能力为主，注重对学生动手能力和创新思维的培养和考查；三是注重多媒体教学的实施，激励教师积极运用现代教育方法进行教学，如对运用多媒体教学的教师其工作量加倍计算等。

(3) 建立和培养一批富有创新性的教师和教学管理干部队伍

教师是教育的主体，教学管理干部是教育实施的组织者和引导者。在创新教育体系中，教师的创造性教学应占主导地位，富有创新性的管理干部则是使教师发挥其创造性的重要保障。因此，实施创新教育体系，一是要构建一支富有创新性素质的师资队伍。首先要提高教师的创新能力和科研水平，减少教师的工作量，使教师有时间去进行科学研究、提高学历、访学进修，以更新知识结构，研究教学方法，提高创新性教学水平。只有创新水平较高的教师才能教出创新能力较强的学生。其次，通过选课制度、教学评估和督导制度、人事制度改革等手段，在教师队伍中形成竞争上岗、动态流动机制，促进教师不断更新知识结构和提高创新性教学的积极性和紧迫感；二是要培养一批富有创新精神的教学管理干部队伍。教育教学的评价机构对实施创新教育体系具有重要作用。如果教学管理者不能对创新性教学进行科学的评价，就会挫伤教师的积极性。教学计划的制订、教学内容的改革、教学过程考核中都包含着管理者的心血。因此，教学管理干部必须具备较强的创新精神，并积极地用于教学管理实践，大力支持教师在创新教育中采取的各项措施，并对教师在创新教育中所做出的预想不到的事情采取宽容的态度。

（4）建立科学的评价体系

评价是教育管理中实施控制的特殊手段，是教育管理的重要环节。陈至立在分析高等教育的教学现状时，尖锐地指出："教学观念落后，不利于学生学习能动性的发挥；教学模式单一，不利于学生个性发展和拔尖人才脱颖而出；教学方法过死，满堂灌，注入式的现象基本没有改革；考试方法和考试内容引导学生死读书本，对学生的评价主要以课程考试分数定优劣等，束缚了学生的创新意识和创新能力。"因此，建立科学的评价教师和学生的标准刻不容缓。

三、创新人格

（一）创新人格概述

在心理学中，创新人格属于非智力方面，是创新素质中比智力素质更为重要的素质方面。因为创新人格是在先天素质的基础上，后天养成的对创新的意愿性和习惯性作用，即表现为创新素质内在的自然倾向性。创新人格是创新活动的内在动力机制，是创新意识和创新精神在个人心理层面的积淀，是创新能力形成的内在动力源。

1. 创新人格的内涵和外化特征

人格，来自拉丁文"persona"，原意为面具、脸谱，剧中角色。可以从以下方面对人格进行解释：一是指人的性格、气质、能力等特征的总和；二是指人的道德品质；三是指人的能够作为权利、义务的主体资格。人格实质上是一种具有个性化独特特征而又相对稳定的心理行为模式。人格包含遗传和后天的成分，因而还具有可变性、可塑性。作为表现人的主体资格的人格，是人的主体性的集中体现、凝结和升华，是人作为活动主体在与客体的相互作用中表现出来的能动性、自主性、责任性和自为性，是个人心理与行为特质的总和。

（1）创新人格的内涵特征

①独立生存的自信心。自信心属于自我意识范畴，是一种积极的自我体验。它主要指个体对自我的评价符合客观实际，对自己所从事的活动的正确性深信不疑，是一种建立在对自身优缺点充分了解基础上的自我认可的情绪体验。对独立生存的自信，是现代人才对自我生存素质的自我满意，更是对自我开辟生活道路、自主创造人生价值能力的自我判断。这正符合现代"学会生存"教育理念，"学会生存"更多强调的是独立面对生存环境、独立迎接生活挑战、独立创造人生价值。当然这种独立，不是与世隔离，不是与他人割裂，而是指独立思考、独立筹划、独立应对的能力。它是新颖、独特的创新灵感产生的前提。具有独立生存的自信心的人格特征，就能在不同境况、不同人际中从容应对和处理各种复杂局面，就善于在总结中创新，在创新中前行。

②不进则退的进取心。在知识经济日新月异、全球一体化进程日增

月进、中国高等教育大众化日升月恒的现代社会,不甘落后已成为低层次的进取精神,大力倡导的应是不进则退,而恪守古训、因循成法已是社会发展的障碍;"创新是一个民族的灵魂",更应是一个现代人格的灵魂。一个拥有持续创新能力和大量高素质人力资源的国家,将具备发展知识经济的巨大潜力。没有执着追求、求知若渴、不进则退、与时俱进的进取精神,也就无所谓竞争优势,更不可能做出创造性贡献。

③百折不挠的坚韧品质。百折不挠、坚韧不拔是所有创新成功者的共同特征。创新的价值正在于探索未知世界的艰辛和漫长,纷繁复杂的问题和局面会在毅力和坚持中迎刃而解。坚韧的意志力品质是创新人格的基石,自控自律、严谨细致、一丝不苟、百折不挠、持之以恒、愈挫弥坚,如此,方能排除各种干扰,自觉提高学习效率,朝着创新目标不断迈进。

④胸怀社会的责任心。接受现代高等教育的创新型人才,应充分理解个人的社会使命。创新的目的是促进人与自然、人与人、人与社会的和谐与发展,任何创新不应违背社会道义和责任。现代开放社会,更多的发明创造是多人合作的结果,是团队智慧的结晶。兼容并蓄、宽容大度、扬长避短、尊重他人、学会合作,摒弃个人主义、保持健康心境是创新人格养成的条件。

(2) 创新人格的外化特征

①对知识的主动学习能力。创新的自信来源于不知疲倦地学习,日新月异的社会科技进步,为人的进取提供了最佳动力。而进取的最有力表现就是不断主动学习。具有创新人格的个体对新知识充满好奇和渴求,愿意并主动学习一切新兴事物,在新旧知识的融合和比较中进行知识的

再造生产，在学习的基础上独立思考，完成原创思维构想。这种学习的能力体现为要学习、会学习、善学习。

②对环境的主动调适能力。具有创新人格的现代人深知"物竞天择，适者生存"的道理，懂得团队合作的重要性。对工作和生活的理化环境和人文环境，有主动的调适能力。能在人与环境的互动中判断创新环境的变化，并以前瞻性思维与眼光进行预测，及时调整创新目标和行动方案，协调、控制创新进程，始终以满腔热忱与人合作，以充沛的精力解决问题，以坚忍的毅力克服困难。

③对构想的主动践行能力。对创新资源的合理配置、有效组织，将创新方案付诸实施，使思维中的"空中楼阁"变为"现实花园"，这是具有创新人格的现代人才的必备能力。学以致用、好学力行，将创新理想成功践行，必须有强烈的实践意识，与现实社会接轨，综合利用各种创新资源。有较高的动手操作能力和较强的组织管理能力，并能在实践中不断改进和调整。如此，创新构想才能转化为现实生产力，实现服务于社会、服务于大众的创新价值。

2. 创新人格对创新的影响

创新是一个系统的综合过程，即创新意识——创新精神——创新能力——创新行动。具有创新人格者，首先，必须具有强烈的创新意识和强烈的创新冲动；其次，将这种创新意识凝聚成一种创新精神，矢志不渝，孜孜以求；再次，在创新精神的鼓舞下通过知识积累，积极探索，悉心实践形成创新能力；最后，将创新能力在创新活动中充分地表现出来成为创新行动。

创新人格促进个体创新意识的强化，促进个体创新精神的发扬，促进个体创新潜能的挖掘，促进个体创新行动的成功；反过来，创新又强化人格特点，使之进一步巩固和突出。这种呈良性循环的相互作用和相互促进，使创新人格特点在富有创造性的个体身上固定下来，形成固有的、独有的创新人格。在整个创新过程中，创新人格的主要特征对创新的影响是至关重要的。

(二) 培养高校大学生创新型人格的作用

21世纪的人类社会综合国力竞争异常激烈，构建和谐社会及建设创新型国家实施素质教育成为战略需求。大学生作为国家创新型人才的后备力量，培养其创新型人格是关键，这是人力潜能开发的呼唤和社会进步的需要，也是马克思关于人的全面发展理论的实践。历史表明，创新使一个国家和民族充满生机和活力，创新已经成为实践的主导形式，成为社会进步的推动力。

创新型人格是高校培养创新型人才的理想人格，良好的人格特征是创新活动的心理保障，是高校思想政治教育的重要目标。必须将国家理想、民族复兴、价值取向和人生追求，特别是把人的现代化作为教育改革的重中之重。培养高校大学生创新型人格的作用主要表现在以下方面：

1. 勇于探索未知的领域

创新型人格的个体特征表现为独立自觉地思考问题，不惧怕压力，不迷信权威，敢于质疑，敢于发表新见解，敢于标新立异，不迷信书本，不唯上，不唯潮流，对现有知识进行科学的怀疑和理性的批判，具有大胆的批判精神，具有"敢为天下先"的勇气。培养创新型人格，能帮助大学生更好地认识失败与成功的辩证关系，不泯灭激情，不停止探索，保持顽强意志，敢冒风险，坦然面对失败，积极探寻失败原因，以阳光心态将失败看成宝贵的经验，以失败为起点，勇于探索未知的领域，勇于为真理献身。

2. 顽强克服探索中的障碍

培养创新型人格，能够帮助大学生树立正确的世界观、人生观、价值观以及科学发展观，能够使大学生个体具有坚强的意志力，这是创新型人格的基石。培养创新型人格，使大学生明确既定的理想目标，坚定克服困难的勇气和信心，对待充满艰辛、复杂的创新活动过程，善于排除干扰，顽强克服探索中的障碍，能够在创新活动中严谨自律，坚持百折不挠的精神，持之以恒，直至达到成功。

3. 善于协作开展科技攻关

培养创新型人格，能够使大学生以开放、团结的心态，以团结协作的团队精神，积极协作开展创新和攻关，正确处理知识经济时代的知识飞速更新的挑战，善于处理继承与创新的关系，积极吸纳不同国家、不同学派的知识和科学技术成果，能够帮助大学生掌握学习和借鉴的认识论和方法论，在创新实践中，善于同团队成员协商合作，发挥集体的智慧，避免知识、能力、素质的个体差异带来的局限性，有效地朝向创新目标，取得创新业绩。

4. 严格遵守科技伦理规范

培养创新型人格，使创新型人才具备高度的社会责任意识，能激发大学生追求真理的激情。崇尚科学、追求进步的品质是创新的根本动力，是创新型人才成长的目标和价值导向。爱因斯坦说过，对于一个纯粹的科学家来说，对人类自身命运的关注，从来都必须成为一切基础工作的目的。创新型人格帮助大学生自觉树立科学道德，严格遵守科技伦理规范。信息、能源、生命科技等飞速发展，为人类创造巨大财富的同时，也激化了人与自然、人与社会、人与人之间的矛盾，造成了严重的生态破坏，带来了许多现代社会伦理问题，使人类陷入生存和发展的困境。高校提高大学生的科技道德素养，是思想政治理论课程必须实现的重大目标和崭新课题。发挥高新科技的正能量效应，使之科学发展，迫切需要有新的科学伦理价值观的引导以及科学伦理道德的规范。培养大学生创新型人格，会促进科技伦理道德素质的提高，为人民谋幸福，为国家做贡献，为人类发展和进步服务，具有积极的社会价值和深远的历史意义。

（三）高校大学生创新型人格的培养对策

1. 确立高校大学生创新型人格的培养目标

马克思关于人的全面发展理论是高校人格培育的根本指导目标。

（1）创新意识是创新型人格的前提条件

创新意识是创新的前提条件，是指人们根据社会发展和个体生活的需要，引起求新、求变的动机，在创造性活动中表现出来的意向、愿望和设想。创新意识是创造活动的出发点和内在动力，是使人不断探索进取的精神，是创新型人才内在的、稳定的个性心理品质。

（2）创新精神是创新型人格的重要内容

创新精神也是一种科学精神，爱因斯坦曾说过热爱是最好的老师，真正有价值的东西是从对客观事物的爱与热诚中产生的。科学就是探索客观事物的规律和奥秘,创新是为了产生新的更大价值的成果,这就决定了科学道路的艰辛和坎坷,只有热爱才可能为科学献身,才能勇敢面对挑战,而不是追求创造带来的利益。创新精神是创新型人才人格的重要内容。

(3) 意志力是创新型人格的重要品质

创新活动要求具备顽强的意志力,这种意志力是高度自觉的,是来自内心的成功动力,甚至还会自讨苦吃,自设难题。顽强的意志力还表现在果断性,善于迅速做出决定,果断决策,对待困难的坚韧性、坚持力、都是重要的意志品质。

(4) 科学道德是创新型人格的道德规范

科学创造本身就是人类最高美德的体现,因为创造成果有利于社会发展,能够增进个人的福利,造福于人类。科学的本质特征是尊重事实,坚持实事求是,反对弄虚作假,是科学道德的基本要求。科学精神的核心内核是鼓励畅所欲言,坚持真理,不迷信权威,还包括向前辈学习。科学道德是一个不断发展的范畴,要体现科学公正性,精益求精,珍惜资源,勇担责任,学术民主,乐于奉献,善意竞争以及团结协作等科学道德规范。

(5) 协调能力是创新型人格的重要保证

创新是一个动态的实践过程,大学生协调能力是创新型人格形成的重要保证。协调能力是指大学生在创新实践过程中做出决策的协调指挥的才能,要培养大学生善于运用创新活动涉及的各种组织形式,指挥协调相关的人力、物力、财力,达到创新的目标任务,取得良好的业绩。

协调能力主要包括人际关系协调能力和工作协调能力两个方面，协调创新团队的人际关系，发挥团队成员每个人的潜能和积极因素，对培养创新型人格至关重要。

(6) 创造性才能是创新型人格的内在动力

创造性才能是高校大学生创新型人格的内在支持系统，创造性才能一般包括：观察能力、记忆能力、语言表达能力、信息推理能力、想象力、实践动手能力等。教育家陶行知认为，"人类社会处处是创造之地，天天是创造之时，人人是创造之人"。创造才能是每一个正常人都具有的一种自然属性。当然，人的创造性才能是可以通过学习、训练而被激发出来，形成创新型人格的内在动力。

2. 实施高校大学生创新型人格培养工程

(1) 学校教育与自我教育相结合

大学阶段虽然是创新人格养成的关键时期，但创新型人才的培养具有连续性，家庭、基础教育、社会同样具有责任与使命。注重学校教育与自我教育相结合的方法，从世界教育创新的成果看，国外已经在应用领域对于创新人格特质加以培养，发达国家的做法有些是有益和值得借鉴的。

同学校教育相对的按部就班比较，自我教育注重要求教育者按照受教育者的身心发展阶段予以指导，充分发挥他们提高思想品德的自觉性和积极性，把教育者的要求变为自己努力的目标。自我教育就是认识自己，调控自己和评价自己。马克思主义认为，教育同自我教育是统一的过程，自我教育在一定意义上是教育的结果，是进一步教育的条件或内部动力。因此，教育过程中要充分发挥受教育者自我教育的主体作用，培养受教育者自我监督和自我评价的能力，学会运用批评和自我批评的自我教育方法，善于肯定并坚持自己正确的思想言行，勇于否定并改正自己错误的思想言行。

大学生创新型人格的教育，也是一种终生的自我教育。大学生通过自我教育，不断建构健全的人格结构，以积极乐观的生活态度，进行观念更新、知识更新、态度更新等自我调节与控制，更好地为社会进步、科学发展做出贡献。

自我教育与学校教育二者相辅相成、互为补充。随着社会的发展，自我教育将逐渐成为教育的重心。真正的教育是通过自我教育实现的，通过大学生的内化实现主动发展和全面发展，外因通过内因起作用。相反，没有自我教育的教育会变成野蛮的灌输，甚至是一种精神的摧残。自我教育的作用使创新型人才养成自信、自强、自立、自尊的品质。苏联心理学家科恩认为，自尊心就是个人的价值判断，自尊就是捍卫自己的价值追求标准。形成自己的强大的精神动力，用自己创造性的劳动，为人类做出贡献，用这种方法提高自己的价值。

高校承担着大学生创新型人格培养的历史重任，唱响社会主义核心价值观的主旋律，使学校教育与自我教育相结合，不辱历史使命，做出积极贡献。

（2）专业教育与思想政治教育相结合

创新人格内涵具有多样性和复杂性，思想素质是创新型人格的发展方向，而提高创新型人才的思想素质和社会责任意识，涉及培养社会主义事业接班人的重大问题，要加强理论与实践的结合。为此，高校通过专业教育培养大学生的专业知识和技能，通过思想政治教育，把马克思主义理论知识内化为大学生创新型人格的思想素质和意志品质，提高大学生的思想政治觉悟和分析问题能力，确立积极的人生态度，形成科学的世界观、人生观和价值观，使马克思主义成为大学生的思想准则和行动指南，帮助大学生形成奋发向上的人格风貌。

专业教育要以思想政治教育为指导，要着重抓好以下工作：

第一，建构创新型人格知识培育体系。高校知识培育体系在创新型人格建构中起决定作用，能够帮助科技成果向服务社会转化。高校创新型人格培养是开放、动态的循环系统。①开放性：自始至终处在社会大环境之中，是完整的系统，不是孤立封闭的。②动态性：人才培育过程需要及时更新发展，引入反馈机制，适时调节。③循环性：高校通过对社会的人才需求的调研，实施知识和人格的双重培育，符合时代性，将大学生知识培育和人格培育二者统一起来，以大学生健康成长为本，树立全新开放的教育理念，使人才培养过程更加健康完善。

第二，高校要进一步改革大学生创新型人格的考核办法。科学的人才观关系到人才培养、评价、选拔、使用，对经济社会和人的发展起重要的作用。科学的人才观的核心是"人人都可以成才"的理念，科学的人才评价机制有重要的导向和示范作用。

高校要结合实际，大胆创新，建立以能力和业绩为导向，科学的社会化的考核办法，应采取如下措施。①进一步丰富大学生创新型人格的评价内容：高校在社会政治民主化的进程中，对大学生创新型人格的评价应侧重其思想品德、知识基础和创造能力。应侧重考核：对多种知识的综合能力，对事物的判断分析能力，对团队合作的协调能力等，通过各种竞赛活动、主题实践活动，锻炼引导大学生提高科学素质和人文素质，最具方向性的是思想政治素质和正确的世界观、人生观和价值观的内容。②进一步改革大学生创新型人格的培养方法和途径：高校根据时代发展的需要和大学生自身的特点，主要应以获取知识为基础、以智能开发为手段、以发展创新能力为核心，通过灵活生动的方法手段，培养大学生创新意识，形成创新精神，使其以顽强的意志力勇敢面对挑战，树立科学道德观念，坚持追求真理、奉献协作等科学道德规范以及创造性才能。以高校为主体，实现产、学、研一体化的发展之路，思想政治教育各要素之间应体现科学性、时效性和统一性，这个过程本身就是一个创新的过程，它需要打破学科壁垒的时间界限，将德育和智育结合起来，将理论和实践结合起来，将知和行结合起来。这是马克思主义教育基本原理"教育与生产劳动相结合"在高校教育改革中的具体实践。

（3）学校教学与社会实践教学相结合

创新人格关系个体的身心健康，决定着个体的顺利成长和成才，其身心素质水平、思想道德素质的高低，关系到创新型国家战略目标能否实现，关系到中华民族伟大复兴的伟业。只有通过有效的教育途径，使学校教学与社会实践教学相结合，才能培育大学生良好的道德品质、和谐的人际关系、乐观向上的生活态度、良好的控制力和不断创新的能力。

第一，加强大学生创新型人格培育的课程建设。大学生创新型人格存在的不足不是个别问题，而是整个群体的共性问题，需要建立人格培育课程体系，在教学目的、内容、方法等方面加以完善，包括大学生思想道德发展，学习、身心、生活发展，涉及人格内涵的各个方面，要遵循以成长成才的规律及需求为出发点和归宿。人格培育课程体系的功能，是探究精神世界，解答世界与人生的诸多问题，具有综合性、实践性、科学性、艺术性等特性，涵盖了教育、管理、服务的综合内容，构成人才培养的知识体系。

第二，以课堂教学与实践教学相结合方式解决困惑。①处理知与求的矛盾：人类社会进入全新的知识经济时代，更新已有知识成为鲜明的特征，创新型人才成为紧缺资源，高校目前在专业设置、学科结构及其建设上还存在保守性和滞后性，造成学校讲授的知识理论与社会对人才需求及学生对知识需求间的矛盾，对大学生创新型人格培养形成一定的制约。②处理量与质的矛盾：伴随着高校扩招，一些新的矛盾显现出来。大学生数量大幅度增加，教育资源相对不足，高校教师数量不可能以同样速度增长，实际造成了高校人均教育资源降低等现实问题，形成量与质的矛盾。③处理教与学的矛盾：高校传统的教学模式是统一性教学，教学中以灌输知识为主，教师的教学内容、方法、思维趋于固化，导致学生照猫画虎，使学生主动性、积极性和创造性不能充分发挥。教师机械地教、学生被动地学，造成教与学二者失衡现象。在教学中，学生还没有处于教学核心地位，多以教师为本位，学生常常复制教师讲授的知识内容，使教学双主体中的师生在教与学的关系中本末倒置。应大力加强高校学生参与课堂讨论和理论研究题目的设计，充分调动学生思考问题的针对性、积极性和创造性，使教师和学生双主体在教学过程中形成良性循环运动，保证高校教学和科研的积极健康发展。③要积极创新教学和实践的内容及方法：高校大学生创新型人格培养对教学内容方法提出新的要求，人类创造的全部知识主要分四类：知道是什么，知道为什么，知道怎样做，知道谁有知识。

"知道是什么"和"知道为什么"是事实或科学原理及法则,"知道怎样做"和"知道谁有知识"是不能文字化的知识。实践证明,后两方面的知识更为重要,是社会需要的技能,当然也更不容易获得。高校解决这种矛盾,具体措如下。a. 对大学生进行智能教育:包括自学能力、研究能力、思维能力、表达能力、管理能力,可以帮助学生有效驾驭和灵活运用知识,向学生提供"黄金"的同时,还授予学生"点金术"。b. 培养大学生终身学习的观念:终身学习和接受教育在国外叫作"回归教育""更新教育",指人的一生都要接受不同形式不同内容的教育。伴随着知识的老化和更新速度的加快,人才流动机会增多,只有终身学习才能成为完善的人,高校教师的终身学习和教育思想对培养大学生终身学习的观念会起到至关重要的引领作用。c. 培养大学生融合知识的能力:科学知识发展的过程,其一是高度分化使人深入认识的单个领域;其二是分化基础上的高度综合和集成。这就要求创新型人才要具备扎实的知识和理论基础,深厚的知识背景,高校要重视综合科学的重要性,应该把文、理科的课程设置计划进行科学考虑,注重相互渗透及交叉,有效提高学生融合知识的能力。d. 教学内容设计应情商和智商两手抓:情商在创新型人格中有不可替代的作用,当前高校要积极加强相关拓展训练及考察,进一步培养大学生的合作精神,将智商和情商有机结合,对大学生创新型人格培养会有积极影响。

(4) 科学研究与职业心理养成教育相结合

人格是包含心理素质的内在要素,在思想信仰、心灵维护、文化智慧等人格内涵的构成要素中,心灵的维护处于中心环节。有学者指出,心理素质是人对环境及相互关系的适应能力、自控能力以及为人处世的态度和素养，因此，在创新人格培养过程中，要通过积极的心理素质培养，使大学生智力发育正常、情绪稳定，正确认识自己，热爱生活，保持良好的人际关系和协调能力，以认知能力培养和心理习惯训练相结合的形式，促进健康心智、品质的养成，提高创新型人才的科学研究的能力和水平。

纵观世界优秀大学发展历程，教育目标的确立起着风向标的作用。如，英国大学教育保持了自由教育的传统，教育目标主要是培养绅士型的领袖和学者，就是培养学会思考、推理和比较、辨别和分析，情趣高雅、视野开阔的人。他们不仅掌握普遍的完整知识，有通才教育，而且智力发达，充满智慧，思想丰富，拥有勇敢、公正、客观等优秀品质。

当今世界的飞速发展告诉我们，高校培养的人才不能是书呆子，不能成为教条的工具，培养大学生创新型人格要建立绿色教育通道，及时发现适合做深入的科学技术研究的优秀学生，为其量身定制培养方案，探索小班授课的示范班改革，使其智慧资源不浪费、不流失，要建立专才与通才相结合的培养目标，积极推进本科生参与教师的科研课题训练，增强知识应用能力，为科学研究打下良好的学科基础。

（5）显性教育与隐性教育相结合

人格是构成一个人思想、情感及行为的特有模式，包含了一个人区别于他人的稳定而统一的心理品质。高校承担着对大学生进行身、心两方面的教育责任，使科学研究与大学文化均衡发展，将有利于大学生创新型人格的培养。目前，从教育方式看，大学生人格的养成主要通过显性教育，有计划性、公开性和直接性的特点，以直接、外显的方式进行，即固定的教学计划和教学内容；而隐性教育方式，能有效内化人格内容，调节人格结构，潜移默化，春风化雨，能有效化解人格养成中存在的问题，加强隐性教育，使之和显性教育相结合，是高校思想政治教育的现实选择。

隐性教育在教育方法上，表现为诱导性和渗透性。教育过程是信息传递和反馈的双向过程，隐性教育有意识地将知识经验，渗透到具体的人、事及活动过程中，引导大学生自主自发地学习。

隐性教育在教育目的上，表现为隐蔽性和间接性。隐性教育的教育目的并不直接，这也是其潜在优势，受教育者不自觉地受到教育并积极内化，较少排斥和逆反。

隐性教育对人的影响本质上是一种价值性的影响，隐性教育与显性教育互补统一，对大学生创新型人格的培养，起着潜移默化的作用。高校不是绝缘体，在学校与外界交互过程中对人格养成产生深刻影响，高校校园建设注重整体的和谐，校园有很强的浸染力。人格主要由文化塑造，说明文化在人格养成中的地位。高校对大学生创新型人格培养应将显性教育与隐性教育相结合，应注重大学生的个性和谐、全面发展的培养，即培养其丰富的想象力、缜密的思辨力、行为的判断力、鲜明的个性等。

第三章 高校与创新型人才培养

第一节 高校在创新型人才培养中的地位

创新型人才的培养是一个系统工程,企业、科研院所、高校乃至整个社会,都承担着培养创新型人才的重要使命。对比分析之下,高校具备良好的基础设施、开放自由的学术氛围以及齐全的学科门类等优势条件,一直是人才集聚的重要场所。同时,高校作为先进科学技术的传播者和先进文化的培育者,成为产生新思想、新知识、新成果的沃土,是创新型人才培养中最主要的载体。教育部制定的《国家中长期教育改革和发展规划纲要(2010—2020年)》中就明确指出:"高等教育承担着培养高级专门人才、发展科学技术文化、促进社会主义现代化建设的重大任务。"提到提高人才培养质量要"牢固确立人才培养在高校工作中的中心地位,着力培养信念执着、品德优良、知识丰富、本领过硬的高素质专门人才和拔尖创新型人才"。还提出了要"充分发挥高校在国家创新体系中的重要作用,鼓励高校在知识创新、技术创新、国防科技创新和区域创新中作出贡献。大力开展自然科学、技术科学、哲学社会科学研究"。整体来说,高校教育对创新型人才个体的影响更具有系统性、计划性和有效性,高校在全面系统传授知识、培养人才全面发展方面处于其他培养单位无法替代的地位,高校担负着培养和造就高素质创新型人才的重要历史使命。

第二节 我国高校创新教育的发展趋势

改革开放四十多年来,我国根据经济社会发展的新变化和对人才素质提出的新要求,对高等教育发展进行适时调整,使创新成为高校改革的战略主题。我国高校创新教育的演变与国家发展、民族振兴紧密结合,并联动全社会、全球资源,培养创新创业人才,助力创新型国家建设。其发展趋势如下。

一、与民族振兴紧密结合

"国运兴衰,系于教育。"经过教育的百十年创新、改革与发展,社会学家、教育学家、经济学家等各行、各专业的专家都共同认识到并且认同这样一个问题:人类社会、国家发展要想解决掉时代发展中面临的多类新问题,获得发展质的提升,必须扎根于创新型科技的开发与推动这一发展的核心土壤中,但同时更离不开创新型人才的产出与驱动这一核心成分的滋养。而高等教育正是能同时承载起这两种核心的创新研发与创新培育的最基本也是最重要的路径和唯一捷径。尤其是创新型国家发展战略的提出,更是使高等教育集科研、人才、知识于一体的创新优势、资源与职能获得了前所未有的开发与重视,成为国家创新体系完善构建中的一个不可或缺的重要组成部分,也成为推动实现国家创新发展战略中不可忽视的力量型因素。因此,高校的创新职能在国家发展中不容忽视。已经被列为国家经济发展动能驱动器的高校创新创业教育深入发展所带来的巨大动能与利益更不可小觑。

创新强则民族兴。作为深化高等教育改革长期以来的重点，高校创新教育一直以来培养高素质创新型人才的本质追求与民族振兴需要教育产出高素质创新型人才，与国家经济创新发展的需求也相一致，是与国家发展战略长期密切结合的。

改革开放初期，我国经济建设工作取得了很大的进步与成绩，开展高校创新教育因时而生，创新型人才、创新科技也因势而造。探索创新、创造教育，开展课外科技作品竞赛，为国家发展产出创新型人才，高校创新教育在创造教育的奠基中，在国家发展需要下与科教兴国发展战略一起由弱到强逐渐推进。

最近几年，我国经济发展进入新常态，急需要探索出一条更健康、高质量、可持续化发展的创新型道路。当前，在创新型国家全面深化建设中，在创新驱动发展战略全面贯彻落实下，我国高校创新教育也在以创新的眼光谋划更远的未来；并且也正在以不断扩大的创新职能回馈着社会，助力创新型强国建设，与国家创新发展战略一同走向长远。

二、由模仿西方到本土化探索

只有民族的，才能长久屹立于世界。同样，作为深化高等教育内涵式改革途径的高校创新教育也一定要扎根中国大地，扎根中华文化，与民族发展紧密结合，突出中华民族教育特色。高校创新教育作为大学深化改革的基础和核心，其开展和发展必须适合我国国情、高等教育发展规律的本土化创新教育政策支持、实践活动、经验和成果，甚至是创新教育理念、课程、人才培养体系、竞赛活动和实践基地等多种支持因素的建设都要中国化、地方化、高校化。

在改革开放初期，我国高校创新教育不仅萌芽要远远晚于美国，萌芽初期最主要的成果也是建立在对国外创造教育的借鉴，对美国创业计划竞赛照搬模仿的基础上取得的。如改革开放初期我国部分高校对创造教育的研究，不单单是对陶行知先生创造教育理念的延展，也是对杜威实验创造活动的借鉴。但是，有借鉴才能有发展，以发展为目的的模仿才更能实现新的突破。创新教育的实质是为社会创新发展培养创新型人才，这也就决定了创新教育本身就必须是一个开放性的不断发展完善的创新体系，会随着社会的发展、实践活动的不断丰富和学生实际需要的多样化，进行方方面面的更新。

自20世纪90年代开始，在借鉴国外典型创新与创业经验、模式的基础上，我国向探索、研发中国化创新与创业教育之路上迈进。高校创新教育本土化探索初步取得成效。

进入21世纪，清华大学、武汉大学等多所高校创新创业教育试点的确立，更是正式拉开了我国高校创新创业教育本土化道路探索的规范化序幕，体现出浓浓的中国高校本土化味道，此类试点在我国各个高校得到推广、创新、发展。随后，独具中国特色的"大众创业，万众创新"的创新创业教育理念正式提出，推动中国化创新创业活动探索在中华大地上蓬勃展开。高校创新创业教育的本土化发展成为全社会共同关注的话题。

当前，大学生创新创业"五位一体"发展模式、课堂模式、竞赛模式、综合服务型模式等各个地方、各个高校探索出来的创新创业发展新模式，活动新形式，方法、内容的新突破，无不显示出我国本土化创新创业教育的新鲜经验。中国创新创业教育理念更是被联合国广泛宣传，"互联网+"大学生创新创业大赛已经吸引世界一百多个地区数百所高校学生的参加。我国高校创新教育在四十多年的发展历程中，从最初由于前期发展原因的模仿借鉴，到现在一张张亮丽中国名片的主动打出，推广到世界，是全社会共同努力的结果，也是每一位参与主体的奋斗成果。这些本土化成果是中国的智慧，也是中国为国际创新创业教育深化发展贡献的中国方案，更是今后中国创新创业可持续发展旅程中的借鉴根基。

三、从校内探索走向社会整体联动

改革开放初期，我国高校创新教育开始以不同的活动形式在各个高校内部萌芽。可以说，我国高校创新教育的萌芽是扎根于高校内部土壤发轫起来的。但是，随着社会发展需要对人才素质提出的更高诉求，随着学生实践需求的增多、各项创新资源的汇入，我国高校创新教育的创新型人才的培养方式也不是闭门造人式的，与全社会形成整体联动，是高校创新教育走向内涵式深化发展的必然途径，也是高等教育向全社会开放、合作的必然呈现。

改革开放以来的发展历程中，我国高校创新教育取得的巨大成果，除了在高校内部基础之上对高校师资、教学、实验项目、课堂、课外活动等资源的内部开源建设之外，很大一部分发展成就的取得也都离不开政府、企业、家庭等全社会整体联动发展建设起来的创新创业教育生态系统多要素的全方位支持。大学的社会服务职能，很大程度上也是通过大学培养的各类创新型人才去实现的，这也就在很大意义上决定了高校创新教育的开展应是高校内部和社会外部各组织、各要素之间动态互动的实践窗口和连接点。

长期以来，我国高校创新教育一直在探索中前行，一直在前行中创新，它所体现出来的创新，并不仅仅是为了培养创新型人才在教材、课程、教法方面的创新变革体现，而是紧随时代发展，不断在教学模式、育人模式方面体现出来的让高校教育与社会发展需求之间保持相互吻合的教育理念与觉悟上的创新。这种实时创新、开放创新的思维模式，不断地将社会创新因素囊括其中，在学校、政府、企业、社会以及家庭各个方面之间都产生了良好的"破壁效应"。集社会资源于创新教育一事之上，实现了创新教育各主体、各资源、各空间的整体联动，是高校创新教育从开始萌芽走向全面深化发展的重要法宝。

在创新教育萌芽初期，各个学校之间资源共享的程度较低，信息交流较少，主要是各个高校在校内的独立探索。但随着实践交流的需要，校校合作的范围由一两所高校合作扩大到数百所高校共处于一个合作发展单位内。创新创业学生家长的大力支持，社会鼓励开拓进取、支持创业、包容失败的创新创业文化氛围，更加推动了高校创新活动的大力开展。

四、创新型人才培养范畴不断丰富

人才的培养，教育是关键，社会需要的创新型人才的产出，也是来自教育的供应，且随着社会发展的需要，这种创新型人才的培养范畴也在不断变化、丰富、提升。创新教育是培养人的创新思维、创新精神和创新能力，是让学生通过思维层面的创新，实现行动上的创新，是让学生用创新的思维、创新知识结构的重构，去创造性地开展社会实践，推动社会的创新发展。

最近几年，创新教育的全面育人本质更加明确，创新型人才培养的范畴更是得到了全方位、深层次的建构。坚实的知识基础、开放的思维、勇于开拓、合作意识、领导能力、管理能力、学习能力、良好的品格与心智、高尚的道德、家国情怀、国际视野、具有人文关怀的企业家精神等创新创业人才的素质特征，正集中融合出现在每一位接受创新创业教育、参与创新创业活动的个体身上，助力他们终身素养的提升与完善。

五、国家层面制度设计的全方位持续保障

从创造教育思想在国际广泛传播，到创业教育受到联合国教科文组织的大力提倡，美国，作为创造教育和创新创业教育探索的最早萌芽地和国际传播来源地，在其中发挥了重要的传播源头作用。改革开放之后，我国也在借鉴美国创造教育和创新创业教育的基础上，拉开了创新教育研究的序幕。但是与美国高校创新创业教育在快速发展甚至趋于成熟的时候才获得国家政府的大力支持的情况有所不同，我国创新教育在少数高校的自主探索下萌芽之后，国家层面的制度设计就随着创新教育的起步和发展持续为其提供全方位的支持和制度保障。可以说，在其整个发展历程中，都未曾离开国家层面制度设计的持续保障。这种全方位的持续保障，一方面来自党和国家领导人的高度重视与关注。另一方面，政府直接参与到高校创新教育教学中，为其顺利、规范、高质量的实施提供支持，进行引导。

六、由精英化培养向大众化、普及教育过渡

创新型国家建设需要创新型人才的助力,这已是社会发展不争的事实。特别是随着创新型国家建设进入关键发展机遇期内,社会更是对创新型人才培养的数量和质量提出了更高的要求。以培养学生创新精神和创新能力为重点,以培养创新型人才为重要归宿的高校创新教育,自然要担负起这一重任,回应社会发展提出的这一重大要求。不仅要丰富创新型人才的培养范畴,提升人才培养质量,更要改变以往只针对少数"精英人才"的"特殊照顾",扩大受益学生的教育范围,将更多"普通"大学生纳入创新教育的开展范围内,面向全体学生,鼓励全体学生,吸引、服务、培育全体学生,力争让每一位大学生都具备创新的思维和创新的实践能力,甚至是创新的综合素养都能得到极大的提升,这也应该是高校创新教育的终极目标之一。

我国高校创新教育走过了一段从探索萌芽到当前全面深化发展的演变历程,其受众群体也在由探索萌芽期的少数"精英化"优秀人才培养,向逐渐实现囊括全校全体学生在内的普及教育过渡。21世纪之前,我国高校创新教育处于探索和发展阶段,只有少数著名高校参与到这一探索、实验的浪潮中。进入21世纪初期,随着创业教育的提出和试点高校的确立,尤其是社会需要高校毕业生通过创新创业来支撑推动社会经济的发展,我国积极探索创新教育和创业教育的高校数量有所增加,相应的也丰富了探索活动的形式,吸引、鼓励更多学生参与到创新创业教育活动中,其活动的辐射范围进一步扩大,受益群体亦随之扩大。随后,随着创新创业典型经验的大范围推广,越来越多的高校开设创新创业选

修课、全校公共必修课，举办各类第二课堂课外活动，注重创新创业文化的培育，为学生创新创业创造条件，将创新创业的选择权逐渐交到学生手中，鼓励学生根据自己的兴趣选择、参加创新创业活动，创新创业活动已不再是通过选拔的优秀学生才能参与的特殊活动。

当前，具备创新创业思维，具有创新创业精神，掌握创新创业能力已经成为创新创业时代对每一个大学生的发展提出的必然要求。可以说，创新教育已经成为一种生存教育、能力教育，更是一种终身化教育，更应该也正在成为全校所有学生的必修课。

参与到创新创业教育浪潮中的学生数量，也正在以百万为数字单位不断刷新。创新教育向大众化、普及教育过渡正在发生，也一定会是其发展的必然结果。

第三节 我国创新型人才培养的历程

一、探索起步阶段

我国高校拔尖创新型人才的培养始于改革开放。少年班模式，以中国科技大学、上海交大的英才班为典型。中国科学院大学的少年班，是在诺贝尔奖得奖人李政道的提议下成立的。首先，少年班要优选优育，在高中生中实行动态选拔和管理，需要慧眼识珠，挖掘天赋异禀的人才；其次，产学研模式的实施，利用科研平台优势，让学生有较多机会进入院校相关实验室，接触国际科学研究前沿，拓展科研兴趣和能力，产学研突破了传统教学方式，在教学实践、人才管理上全面创新。坚持"两段式、三结合、长周期"的培养理念,一段在大学完成,一段在科研单位完成,院系与研究所、科研与教学、理论与实践三结合,实行本硕博贯通培养的长周期模式,形成了中科大独具特色的人才培养模式。最后,广泛应用研讨式教学和研究性学习,在学生管理中,实行书院式管理,双导师制。但是,该模式重视生源年龄,容易导致对学生质量的错误评估,忽视人文素质的塑造,事实表明人文知识的缺失不利于学生健康成才。

二、摸索尝试阶段

实验班模式相比于英才班更成熟,是对英才班模式的重大发展,按照低年级实施通识教育,高年级注重专业培养的理念,为国家培养出了一大批高素质的创新型人才。

北京师范大学励耘实验班注重分段结合,强化通识教育和专业基础教育的衔接,根据学生兴趣专长实施专业分流,纵向发展;预先制定科学的修习计划,前期重视通识课程,中后期注重专业课教学和培育学生的社会责任感。励耘实验班的培养特点:深化通识教育以强化专业素养;加强学科综合以促进优秀人才培养;推进研究性教学以培养创新能力;鼓励自主探究以促进个性发展。北京大学元培实验班实行"本科阶段的低年级通识教育和高年级的宽口径专业教育"模式。入学时不分小专业,按大致分文理,淡化专业区别。中国人民大学的文理跨学科双学位实验班,在传统优势学科里融入跨学科科学理念。国学院(班)聘请国内外国学大师为学术顾问,本硕连读的完整培养体系,强调游学实习。另外还有华中农业大学的"张之洞班"、吉林大学的"唐敖庆班"等。

三、深入思考阶段

此阶段的特点是复合型培养模式。以浙江大学的"竺可桢学院"为典型，创办混合班，目标是培养复合型创新型人才。浙江大学从1984年起就开始了创新型人才培养模式的探索，在借鉴美国哈佛大学、加州理工学院等创新型人才培养计划的基础上，实行宽口径、重基础的前期教育和自主型个性化的后期专业培养相结合的培养模式。华中科技大学的启明学院，以"育人为本、创新是魂、责任以行"为教育理念，把创新精神和实践能力作为创新型人才培养的核心，致力于培养具有创新能力、创业精神和国际视野的未来杰出人才。南京大学匡亚明学院大理科实验班，以重点学科为依托，按学科群打基础，以一级学科方向分流，贯通本科和研究生教育的宽口径、厚基础的大理科模式。四川大学吴玉章学院以"汇一流学生，凝一流师资，融一流课程，创一流管理，出一流英才"为宗旨，管理体制上实行荣誉学院模式，学生的学习生活在各学院各专业里进行，吴玉章学院仅是动态管理下的管理部门，负责学生思想动态及部分日常，同时入选吴玉章学院也是一种极大的荣誉，会提供给学生高额奖学金和科研项目支持。

首先，高校专门成立学院进行创新型人才的培养研究，以五个学科为基础进行改革尝试，培养大理科思维、大文科思维，有一整套独立的教学、培养体系，管理制度。组织模式形式多样，创新班、实验班是其中两种，配置专门的行政管理，以独立学院的形式存在。此阶段，创新型人才培养很多都采取校际合作模式，通过联合讲学、海外学习达到合作目的。通过严格选拔与柔性评估、学业与心理辅导、课程体系与课程内容的整合、搭建科研平台、营造学术氛围、加强国际化交流、提升教务管理水平等一系列有效举措，培养学生使其具有扎实的专业基础知识和宽广的学术视野，以适应基础学科以及相关交叉学科的研究。

其次，高校重视校际合作，积极探索校际合作培养模式。学生保持独立身份，以交流、交换的形式去别国异校学习，自由选修课程并且学分互认。校际合作的培养模式利于发散思维，在不同文化背景下培养创新意识，助力学生后续高层次的学习。相比国内校际合作模式，国外合作存在一些障碍，在经济、文化合作交流等方面有诸多不便，因此毗邻区域内的院校合作是目前校际合作的主要形式。总体来看，这个阶段的培养最突出的特点是创新了培养模式，开始集中性培养创新型人才，放宽创新型人才的界限，重视国际视野，高校开始走自主性培养道路。

第四节　我国创新型人才培养的特点

我国创新型人才培养通过挖掘优势学科和基础学科，建立试点班、试点专业、试点学院，采取小班教学，通过名人效应提高创新型人才的国内外知名度和影响力。探索阶段与摸索阶段相比，人才定位更清晰、类型更多样、层次更鲜明、计划更翔实、资料更完备、投资更集中、成果更显著。关于我国高校创新型人才的培养特点可以归纳为四点：多元选拔管理，学科交叉融合，指导教师责任制，营造创新氛围。

一、多元选拔管理

我国高校在选拔对象、选拔模式、管理模式、政策机制、培养模式等方面进行了探索。坚持多元选拔，择优培育，科学对待"怪才""偏才"，管理上实行全程式的单独招生和单独管理。首先对学生的学业要求较高，无论是高考成绩或入校后所修课程的分数要求都非常高；其次，对学生的科研能力和学术成果以及高中取得的竞赛成果都比较重视，既看重过往成就也重视学生创新潜力。例如，中国地质大学（北京）坚持笔试与面试相结合的选拔方式，设置两次笔试一次面试，注重对学生的数学思维测试和逻辑测试，考察观察能力和思考能力。在管理模式上，杨遵仪班采取双重管理模式，实验班挂靠数理学院，实行原学院和数理学院双重管理，教授担任班主任重在学业管理，原所在学院负责学生的归口管理和日常管理，设置个性化和灵活性培养方案，由数理学院和导师组根据学生学习情况和培养前途实行淘汰。北京大学采用滚动式动态进出机制，随时供学生申请加入创新型人才计划，允许学生主动退出，确保了学生的积极性和主动性，避免了教育资源的浪费。

二、学科交叉融合

从培养模式来看，"低年级通识加基础教育，高年级通识加宽口径专业教育和分流培养"是创新型人才的基本模式。例如，北京大学培养各行业领域"引领未来的人"，强调"加强基础、促进交叉、尊重选择、卓越教学"的改革思路。总的来说，各高校已经看到了学科发展的趋势，纷纷改革课程，建设以学科大类为基础的特色精品课程，提高通识教育的质量，拓宽知识基础，提高课程质量。

过程上注重人才培养的连续性，即低年级实行通识教育，高年级开展专业教育，有利于学生知识结构的完善，学生在专业、课程选择时有较大的自主权,给予学生一定的专业思考"缓冲区",一是低年级文理专业设置粗化,一年级和二年级不适合分专业教学,统一安排有助于形成学生基本素质的通识课程,三年级和四年级设置宽口径多层次选择,分流培养专注专业的发展;二是坚持"降低必修课比例、加大选修课比例、减少课堂讲授时数"的原则,采用小班教学与大班授课相结合的方式,加强专业沟通、学科交叉融合。

三、指导教师责任制

各高校大多重视教授治学,聘请校内外知名学者专家,成立专家组指导委员会负责制定专门的培养方案、项目管理。创新班师资力量雄厚,一般都是导师制,中国地质大学采用双导师制,北京大学采取"多层次导师指导",重视科研精神的培育充分保证了学生的创新能力的培养。例如北京大学城市与环境学院创新型人才培养的指导教师绝不是普通的辅导员,而是能对学生进行国际前沿科学指导的教师,并且教师学生双向选择,一名导师不能带超过两个学生,还要定期接受测评,递交学年总结报告。

四、营造创新氛围

在推广创新理念的同时,注意对学生创新意识的培养。强调全面素质教育,给予学生最好的条件支持,培养具有创造力、拥有完整人格、热爱祖国、拥护社会主义,同时具有团结协作的能力、良好的沟通技巧的创新型人才。高校是高洁的求学场所,注重创新氛围,文化环境的熏陶。在一个求知气氛浓郁,平等交流的高校中更容易激发学生的求知欲和创新意识。中国地质大学积极培养学生的全球视野，注重高等教育国际化，与全球知名高校建立合作关系，为学生营造利于学习的国际环境，设立国际交流项目。北京大学还开放暑期学校，开放资源，极力推广游学，通过素质教育、第二课堂、校园文化活动、国际交流等多种途径全方位育人。

第四章 高校创新型人才培养模式

第一节 建立创新型人才培养模式的时代背景

目前，我国正处于小康社会和经济增长方式转型的重要时期，越是到这个时候，越能凸显出培养创新型人才和提高民众综合素质水平的重要意义和紧迫性。创新驱动实质上是人才驱动。为了加快形成一支规模宏大、富有创新精神、敢于承担风险的创新型人才队伍，重点要在用好、吸引、培养上下功夫。面对国家稳增长、调结构、促改革、惠民生政策提出的新要求，高校创新教育工作的成果仍有很大差距，主要表现在培养创新型人才的过程中，其弊端产生的不利影响非常显著。因此，各高校应加大对学生创新能力和意识的培养和引导，从全方位将学生培养成真正意义的创新型人才，并不断鼓励、引导在校生进行创新实践活动，这是学校充分迎合国家经济转型、社会文明进步的响应。创新型人才培养模式正是基于这样的背景而提出的。

第一，创新型人才培养模式是在理念论、思辨哲学和实用主义教育观的指导下，逐步形成的相对健全、不断适应我国人才培养要求和高等教育体制现实情况的教育理念体系。在各类型的高校和各层次的大学生群体中展开类似于知识讲座的教育指导和实践活动，有条不紊地将创新理念渗入到学生思想中。高等教育的创新理念是高等教育理念中的重要组成部分，因此它能从根本上将创新的诸多要求，生动形象地呈现出来。

第二，创新为我国教育体制由传统向创新型人才培养模式的转变明晰了思路和方案，同时助力我国高等教育目标由知识型向创业型转变。人们所主导或参与的所有活动具有一个共同的特征，即目标引领性。设定目标时思路和层次上的差异，要求行为主体必须根据实际情况，采取不同的行为方式，方能达到相应层次的目标。创新的目标是一种模式，是一个体系，创新由不同细化模块的小目标汇聚而成，最终形成创新的总目标——为了社会主义建设伟大事业和中华民族伟大复兴的使命，培养出大量的新时代创新型人才，做人力资源强国。"创新"帮助高校师生改变陈旧的思想观念，从根本上改革教育教学体制，强化培养学生创新精神、创新意识和创新能力，推进创新型人才培养的进程，切实提高我国人才的质量。

第三，创新解决了创新教育与专业教育方面的诸多问题。近年来，国内一些高校在创新教育方面进行过一些有益的探索，但普遍未能实现将创新渗透到学校整个教育教学过程的各个细节中，创新与专业教育仍然处于相背离的状态。但创新教育实现与专业教育的深度融合是发展的必然要求。首先，专业教育在一定程度上来说，是创新教育存在和发展的根基，因为专业教育是高等教育的基本职责。脱离专业教育的创新教育只能是舍本逐末、缘木求鱼。其次，创新教育的实施，对专业教育的改革提出了新要求。高等学校应该将教育的触角从专业教育延伸至创新教育，实现创新教育与专业教育的有机融合。

第四，创新所体现的实践价值非常高，深度满足了学生自身和社会多元化经济模式转型的迫切需求。大学生是社会建设和市场运行最重要的新生力量，也是中国特色社会主义建设中最为活跃、最为积极的群体，因此推动教育模式向创新型人才培养方向转型，有助于全方位提升大学生创新能力和综合素质，为其就业、创业提供直接的指导服务。同时，可以大大缓解高校毕业生就业压力，对于建设和谐社会和向创新型国家转型都有很重要的现实意义。

第二节　中外高校创新型人才培养模式

一、国外创新型人才培养模式

美国高等教育实行分权管理，具有结构多样、层次分明、组织完备、大学自治、文化多元、学术独立、以人为本、保障健全等特色。美国高等教育发展遵循学术自由、大学自治的原则，联邦与地方政府都不干涉或参与高校招生，高校完全独立自主招生，自己决定具体的招生政策及录取标准。美国高校创新型人才培养模式更注重对学生创新思维能力的考核，是以学生具备的全部能力为目标的教育模式。

日本的人才培养是基于本国的国情出发，培养创造力强、身体强健、胸襟宽广的人才。其高校创新型人才培养模式注重学生创造性、表现力的培养和思维训练，学生创造力的培养被提升到了一个新的高度。日本政府提出了以增加社会适应性和重视个性为原则的教育体制改革，以高等教育课程体系设计为根本的出发点，每所大学根据各自的教育理念与目的并且适应学术、社会发展的要求，制定并实施具有特色的课程，为社会培养各种优秀人才。

二、国内高校创新型人才培养模式

培养高校创新型人才是国家创新体系的重要组成部分之一，我国高等学校针对创新型人才培养一直在进行积极研究。

（一）以"通才教育"为主的培养模式

所谓"通才教育"是指在大学本科阶段进行思想、知识面、学习能力、知识技能等方面的构建，主要是培养大学生在这个阶段发现问题的能力，以及在实践过程中，将学到的理论知识和实践知识相结合的能力。基于此，很多高校在本科阶段降低对专业、基础知识的培养要求，而把对学生的科研能力及专业能力的培养放到了研究生阶段，注重培养学生分析问题的能力，也就是说，通过将本科生与研究生的定位相结合，保证学生创新能力的形成。在教学方面，把理论与实践相结合，促进学科之间的交叉，使得知识结构更加系统科学化；在人才培养过程中，将校内与校外实践相结合贯穿于整个学习过程中，培养学生的动手动脑创新能力。

（二）以学生实践为路径的人才培养模式

一些高校利用和企业的合作，建立企业实践实训基地，结合大学生课堂所学的理论来进行实践练习，这是高校不断探索创新型人才培养新模式的途径之一。还可以成立大学生创业基地，开设可以实践并创新的项目，形成产学研相结合的模式；建立创新实验室、实训中心以及创新委员会等等，与教师课堂教学相结合，将相关的创新课程作为学生实践的保障条件，充分调动大学生参与创新活动的积极性和主动性；举办"挑战杯"系列比赛，设立国家大学生创新基金，学校给予配套支持，为教师和学生更多地参与创新实践搭建平台。

（三）以开展创业教育来提高学生创新能力的培养模式

一些高校将创业教育作为学生创新能力培养的路径，在校内开展多种多样的形式不同的创业教育，以此来提高学生的创新能力。目前有一些高校已经成立了关于大学生创业教育的学院，对高校大学生的创业进行全程教育和指导。在课程安排上，不仅开设与创业相关的基础课程，还包括一些与实践相关的课程，在实践过程中，开设模拟课堂，鼓励学生在课堂上进行商业谈判及交易。很多大学在教学方法上进行积极深入的尝试，促进学生的创新能力，还有部分高校在教学环节上，开展多人合作完成项目的课程，以培养学生在创业中的组织、协调、控制能力。

三、国内外创新型人才培养模式对比评价

由于国内和国外在文化背景，社会、学生对创新认同度等多方面的差异，因此二者的创新型人才培养模式，存在本质差别。

（一）学生的培养理念方面

国内由于体制和制度的不完善，未建立学生的自我管理、自我负责这种机制，所以高校、家长包括学生在内的诸多方面都要背负思想上的束缚，使得家长和高校不能完全让学生自己进行自由选择。我国高校现有的实施方案是让学生在规定的范围内进行有限的选择，这样就在某种程度上制约了学生的创新性、创造性发展。国外的教育和我国在这一点

上是相反的，他们的学生有权利自主选择感兴趣的知识，并进行学习探索。

（二）课程设置方面

我国的课程结构不够完整，综合培养学生能力的课程不够强劲，教育方法不够先进。高校的技能型课程安排由于自身的局限，很容易被快速发展的新技术所淘汰，造成严重的资源浪费；高校在进行课程设计方面，对科学的研究方法类的课程设置偏少，即使设置这样的课程，学生也不会太重视，因为通过这类课程获得的好处不是立竿见影的，由于社会压力，大多数学生希望短期内见效。

（三）教育及教学方法方面

我国高校普遍采用课堂讲授的方式，强调知识的系统性传授，对学生的要求多限于死记硬背，同时，所布置的作业多为有标准答案的线性作业，学生缺少独立思考的机会，不能启发学生对教学内容进行更深层次的思考。学生创新意识和精神很难被调动和激发出来。

第三节 创新型人才培养模式的影响因素

一、人才培养新模式构建的外部因素分析

（一）时代的必然选择

改革开放时代是一个全面融合、全面创新的时代，创新早已成为人们生产生活和社会发展进步的主旋律。回望奔腾五千年的历史长河，中

华民族曾以极富创新精神的姿态屹立于世界东方，创造了震撼世界的四大发明。作为世界文明古国之一，我国在数千年的文明探索史中取得了可喜的成绩，贡献巨大。随着历史的推进，受封建王朝统治思想的极大束缚，短短几百年我们国家失去了令世界诸国羡慕的强国光环。我国封建王朝末期以"天朝"自居，狂妄自大、故步自封，不接受先进科技知识的流入，渐渐消磨了广大人民的创新意识。

新中国成立后，我国领导人将工作重点转移到创新精神的挖掘和发扬上，特别是在改革开放以后，思想和生产力的全面解放让我国的科技、经济迎来飞速上升期。然而，数百年的差距使我国的科技文化底蕴远远落后于发达国家，人均资源少、创新型人才少、创新成果少是国家发展的硬伤。面对日益激烈的国际竞争，国家将目光转向了创新型人才的培养上，并从高校人才培养质量和方向等角度提出了更高的要求和标准，各高校要积极担负起为国家培养人才的重任，在政府部门的督促下，培养出更多符合新时代特征的创新型人才。

（二）创新型人才的高度紧缺

创新的事业呼唤创新的人才，创新必须依靠人才才能实现，创新型人才是我们实现科技发展的希望和生机，是实现创新型国家目标的根本。创新型人才是我们国家人才培养体系中的重要环节。就目前而言，我国创新型人才无论是总体数量还是所占比例都非常少，各高校对人才创新意识和创新能力的培养意识不足，输出的人才不能很好地适应我国经济和科技创新发展的需要。我国称得上是人力资源大国，但远远没有资格称为创新型人才输出强国，这是非常尴尬的现象。

我国高校的人才培养质量和数量都有巨大的上升和发展空间，并且上升和发展的要求十分迫切。加快人才培养向创新模式转变，应大力深化改革教育体制，对教育资源进行重新整合，有效地安排利用资源和优势，全面推动素质教育的进程，提升教育管理效率和教学质量。社会各类、各阶段的学校，特别是高校，应当对创新型人才的培养给予足够重视，加大工作力度和强度，将培养符合时代特征和社会要求的创新型人才的计划真正提上日程。

（三）高校输出人才创新意识低下

高校培养人才在创新方面的缺憾和不足主要体现在以下方面：首先，缺乏创新意识，没有充分调动学生的创新思维，导致学生创新能力普遍偏低。其次，受我们国家传统的教育思想所限，学生接触学习知识的范围和广度不够。通俗地说，就是高校输出的人才大多是缺乏技能、知识不全面的人才。导致此类现象的一个重要原因是社会层面一直过分强调培养专业型人才，主张将一个问题"吃透了"就是成功，"一招鲜，吃遍天"。其次，从社会宏观发展角度分析，这种说法是不合理的。应培养学生做到即使分了专业，也要有复合的知识结构，也要涉猎各种知识。最后，我们对终身教育理念的真正含义没有充分、准确的理解。脱离了教师的束缚，大多数学生就不知道该去学习什么，怎样去学习，自主学习、自我约束能力差。另外，学生课堂所学知识与课外实践不能充分结合起来，所学习的知识未能有效地转化为工作技能。

（四）实现中华民族伟大复兴的必由之路

创新型人才对于一国的发展非常关键，我国也不例外。我国要坚定不移地走人才强国战略，始终坚持科技是第一生产力。我国在当前现代化建设过程中，需要做好各方面的协调工作，构建和谐社会，实现可持续发展。祖国的伟大复兴需要经济、人文、社会等各方面的协调发展，要实现这一目标，创新是不可忽视的力量，创新型人才是各方要素发展的核心驱动力。只要有创新力量的生成，只要我们成为创新型人才强国，一切梦想的实现就将成为可能。因此，大量培养高素质、高水平的创新型人才，是实现建设人才强国，实现中华民族伟大复兴事业的必由之路。让"数风流人物，还看今朝"不只是一句口号，需要我们以强有力的姿态应对国际竞争，直面人才竞争。我国采取了诸多措施和一系列的规划方案，着力去推动科教兴国和人才强国教育战略和思想的落实，极大地助力了我国创新型人才的培养。

（五）提高国际竞争力的要求

创新型人才在日趋激烈的国际竞争中起决定性作用。伴随着科技革命席卷全世界，社会产品、设备迅速更新换代，人们的生活节奏越来越快，同时市场对人才提出了更高的要求。人才优势成了各国都必须争夺的"制高点"。因此，当下一个重要的工作就是着力培养更多的新时代创新型人才，让他们积极参与到市场竞争、国际竞争中去，来提升我国的综合竞争力和话语权。

二、人才培养新模式构建的内部因素分析

从内部因素来看，人才培养新模式的构建基于传统应试教育模式的诸多弊端。与创新型人才培养模式相比，传统教育中僵化的应试教育模式使得教育的过程变成了简单的知识传输和填充，而学生接收到知识之后，是否能够消化吸收，是否能够转化运用，则不在教师和学校的考虑范围之内。这种情况主要体现在以下几个方面：从内容来看，传统教育一再强调对知识的吸收和复习，让学生将主要精力用在基础性理论知识和专业知识上；从原则来看，传统教育重视系统、直接的知识；从教育方式上看，传统教育强调教师的地位和作用，有很强的单向传授色彩。创新型人才培养模式的教学理论和原则，以创新为核心思想，为学生提供良好的文化氛围，全方位、多角度培养学生的创新能力，让学生在日常的生活和学习中养成创新思维的习惯。

习近平总书记在视察北京大学工作时曾指出，在教育教学上，高等教育要起到模范带头作用。坚持以教书育人为根本，以高质量的教育为核心，以制度创新作为切入点。明确教育改革的重要性，推进体制改革、教学改革、人事调整、科教制度整改、资源分配整合等一系列措施的落实和实施。尽最大努力去挖掘、释放学生的潜力和智慧，向社会输出数量更多、水平更高的新时代需要的人才。因此，各大高校需要切实将培养符合时代要求的创新型高素质人才作为发展目标，并将其纳入必须完成的基本工作之中。

创新型人才培养模式是在有选择地继承传统教育理念的基础上，深刻融入创新思想，舍旧取新，展现出对于创新型人才培养的积极作用。首先，创新型人才培养的最终目的是让所培养出的人才具有创新精神和能力，真正将所学知识以创新的思维方式广泛应用到社会生产实践中去。相比于传统教学模式，创新型人才培养不仅致力让学生更好地掌握基础知识，还强调所学内容之间的整体架构和知识间的相互关联。同时，看重学生的各种能力，其中最看重创新能力。创新型人才培养不单相信每个人都是有创造潜力的，并且认为学生的创造力可以经教育不断被挖掘出来。其次，创新型人才培养的主旨是大学教育需要重视开发学生的创造潜力，并不断培养学生的创造力。其具体表现就是教师在教学过程中不仅要告诉学生解决一个问题的方法步骤，还要引导他们思考为什么是这样的，对学生不再是灌输知识，而是激发他们思考。授课模式上，改变过去单向传授的形式，最大限度地引导学生学习，用有效的手段激发他们的学习激情和兴趣。最后，创新型人才培养的评价标准区别于应试教育的一纸试卷的评定标准，该教育模式一方面看重学生对基础知识的掌握程度，另一方面强调学生运用知识去解决实际问题的能力。

第四节 高校创新型人才的培养模式及要求

一、高校创新型人才的培养模式

（一）学科基础型

学科基础型培养模式是在进行创新型人才培养之前，先对学生进行宽基础的学科基础课程训练，培养发散思维，为之后的专业化成长打下基础。该模式宗旨是打造"大理科"或"大文科"思维的学生，特点是学科基础课程比重大，专业课比重小，且学制较长，一般是本硕博贯通培养。可以将其看成横向延伸发展的一种模式，强调宽而扎实的基础知识，在宽广的基础上培养专业成就。学科基础型模式可以分为学科方向型和学科发散型。

1. 学科方向型

学科方向型按照专业招生，分专业方向选拔创新型人才。对纳入创新型人才培养计划的学生，在大平台统一进行学科基础课程培训，完成学科基础课程之后，入选的学生再回到原专业，进行专业学习，成就专业化。

2. 学科发散型

学科发散型不同于学科方向型按专业招生，而是采取大类招生方式。选拔人才纳入培养计划，按照学科大类集中学习学科基础课程，等基础课程学习结束后再由学生自主选择专业方向，进行专业学习。学科发散型是最具灵活性的模式，大多数高校都采用这种模式，既保证通识教育、基础教育的成效，又保留了专业培养的灵活机动。

（二）方向纵深型

部分高校单独招录选拔创新型人才，在录取时就已确立创新型人才的培养方向，并将此方向设为独立招生单位，采取提前录取方式。入选创新计划的学生按照录取的专业方向安排课程内容，无论是通识课程、基础课程还是专业课程，一律以专业为单位进行教学，通常学制为四年。此模式可以视作纵向结构，发展学生对专业的兴趣，顺着专业的方向延伸，进行专业的深入探索，有利学生进入更高层次更深领域的学习。该模式最大的特点便是专业课程比重大，基础类课程比重小，课程自由选择空间较小。

方向纵深型模式的灵活性比学科基础型差，学科基础型模式中途可以调换专业，灵活性相对要好，并且先统一基础学科培训，不耽误后续专业方向的调整，宽广的基础知识学习，有利于培养大理科或大文科思维，对各专业方向有较清晰的了解，为学生选择合适的专业方向预留了较长的缓冲期。方向纵深型在专业性培养上更为集中，专业特色更明显，目标管理更为清晰，从学生入学开始，就明确了未来要成长的目标，朝着达成专业目标的程度努力，培养的创新型人才专业特征明显。这两大类模式是对我国高校创新型人才培养的探索成果，代表了高校创新型人才培养的思路，是我国创新型人才培养的集大成。

二、构建高校创新型人才培养模式的具体要求

（一）目标培养要求

目标培养要求是学校等教育教学机构审核所培养人才的相关标准，是教育教学机构培养人才过程中目标设定和具体操作的指导和标准，同时能在一定程度上反映出该学校的人才观。其实，从学校管理层面上看，学校教育教学工作的开展以目标培养为出发点，同时以培养目标为最终目的。由此可见，学校教育质量水平的高低很大程度上取决于所制订的人才培养目标合理与否。高校人才培养的方向和质量，一般会随着高校目标培养要求的确定而基本定型。

深度改革是我国的教育教学制度和人才培养模式目前急需进行的。《国家中长期教育改革和发展规划纲要（2010—2020）》指出，要"着力培养信念执着、品德优良、知识丰富、本领过硬的高素质专门人才和拔尖创新型人才"。现代大学生个性化差异较大，对于知识的掌握程度

和研究程度也不尽相同，学习偏向和日后的发展也是各有不同，这是现代社会对人才多样化、高质化要求的必然结果。对于培养目标人才来说，深刻把握培养目标的共性要求是十分重要的：①深厚的爱国主义和对国家、社会高度负责的精神；②拥有良好的世界化适应能力；③强烈的创新创业意识；④高尚的职业道德情操。

但是，对于培养目标个性而言，就需要以展现其专业知识能力和素质能力为要求，需要体现学校的目标培养定位。在现在高等教育体制深刻变革的背景下，根据高等教育的内在规律将以学生为本的理念，切实融入现代高等教育体系的全部课程中，是我国高校目前需要完成的首要任务，也是创新型教学模式改革实践的重点和难点。当今社会环境复杂多变，创新型人才培养方案的有效实施要以积极的姿态和恰当的形态尽可能地吻合于当代社会的进步和经济的转型，要切实和社会发展的方方面面密切结合起来。

当下是我们国家经济模式寻求变革转型的重要时期，我们对创新型人才的需求是极为迫切的。为更有效地解决我国高等教育中存在的一系列不合理问题，彻底改善我国教育落后的现实状态，需要尽快构建现代化创新教育体系，明确创新型教学思路。当代创新教育系统的建成需要不同阶段的高等教育创新，让人才培养目标不仅以就业为向导，还要相互之间有密不可分的联系，所以加快创新型人才的平稳健康发展对高等院校的培养目标又有了新的规定。

高校培养出更多的创新型人才，已经不仅是社会和国家的期望，更是一种全民的期待。这种期待体现在两个方面：一是培养优秀的公民；二是培养优秀的工作者。现实生活中，地方经济结构和发展的影响、不同专业的不可替代性、学生本身能力和优势的差异化太大等多方面因素的影响和制约，导致创新教育模式开展存在很大障碍。因此，目前对于创新型人才目标的培养，多是带有目的性和功利性去挖掘和引导学生的潜力，使其向所希望的方向去成长，而忽视了对创新教育自身重要性的重视。

虽然创新教育具有复杂性和特殊性的特点，但不论对于本科院校还是其他类高校，创新教育的根本目的都是培养更多、更优秀的创新型人才，教育的基本任务都是培养高素质的公民，这是不容置疑的。因此，无论是从功能还是价值的角度，创新型人才教育不只是推动了经济的转型发展和社会文明的进步，还重视学生们的整体素质提升；致力于使学生在掌握就业必备知识和技能的基础上具备一定的创新思维和能力。

由此可见，充分满足学生对创新的需求，是教育本身价值的深度体现，社会进步、经济发展迫切要求创新教育向社会输出大量各层次、各类型的符合现代化特征的创新型人才。教育的发展和进步是我国高校人才培养和输出的坚实基础和有力保障，而培养高水平人才则是教育的根本目的。

（二）专业设置要求

目前，我国高等院校的学科划分为哲学、文学、理学、工学、农业学、医学、教育学、经济学、管理学、艺术学等。以我国的发展现状和人才需求为依据进行考量，不难发现，不同的学科下设有很多知识和技能有很大偏向性的专业。不同的专业对人才培养的目标和方向上也是不同的，即便同样的专业名称，不同的高校在培养目标和方向也会有各自的偏向和侧重。

举例来说，哲学培养要求较高的道德素质、超前的思想觉悟、一定的理解力和创造力，因此需要相应水平的教师队伍、教育教学研究学者、教育单位的管理者。修习哲学专业的高校学生，学习重点是掌握哲学专业的基础知识和理念，接受基础科研教育，不断巩固基本功。专业设置不是一成不变的，要做到持续长久地向社会输送多元化、多样化、跨学科、全方位的优质人才，必须真正下放专业设置权，赋予教育机构及时合理调整专业结构的权力和能力。

高等教育的专业课程设计需要具备以下条件：第一，以学校的办学规划和发展计划为前提；第二，具备设置相应专业的学科基础；第三，社会持续稳定的人才需求；第四，规范可行的人才培养计划和专业实行方案；第五，完成既定创新型人才培养计划所需要的充足的教师队伍和辅助者资源储备；第六，办学、开设专业所需的经费、场地、教材、器械等相关条件，具有保障专业运行的管理、监督制度和组织，设立专门的信息管理平台，接受公众的监督，并向公众提供服务；第七，足够的应用性，具体参考当地的经济和产业结构；第八，重视跨学科性，注重培养复合型人才。

为适应我国经济快速发展的步伐，政府大力推动落实创新教育改革重要思想的进程，扩充创新教师群体，全面提升创新型人才的综合素质水平，在创新型人才教育上做出了一定的成绩。目前，我们国家对于专业设置方面也做出了不少实质性的要求，具体如下。

其一是整合专业设置，各地方相关机构统计出当地就业率较低的专业名单和需求较为迫切的专业名单，从根本上改进完善学校的专业设置，督促全国各地不断深化体制改革，建立科学合理的高校毕业生就业体系和流程，及时发布和更新重点行业对人才的需求状态和发展趋势；其二是优化学科结构，有效利用新修订的本科专业及其管理规划，将专业学科更加细分化，新增能更好适应社会就业和发展的专业，取消应用价值小、缺乏实际意义的传统专业；其三是兴建新学科，考虑到我国目前的发展状况和世界发展的大趋势，小语种、网络安全等现代化高水平人才急需加大培养力度。

本科院校的专业设置对学生就业的影响非常大，是一个需要进行科学研究、认真分析的重要问题。

(三) 课程体系要求

1. 课程体系设置要求

为充分将大学的创新型人才培养能力和特征以更好的姿态呈现出来，相关部门对课程体系的设置提出了更高的要求。

第一，基础课程要体现高等教育的一般特色。这些课程一般是能体现出大学教育教学水平的课程，包括基础的知识、理念等。接受创新型人才培养的学生所必需掌握的，除语数外等基础性学科外，还有计算机等一些在教学体系中较为重要的现代课程。要以传统知识为基础充分结合个性和特性，制订相应的理论、文化课程，使学生们以更有效、更直接的方式达到相应的知识层次。

第二，专业课程的设置要适应现实需求。对学生适应社会发展和进步的各项能力，如创造思维、实践能力等的培养，是创新教育的工作重点，因此创新教育要求人才培养具有更高的高效性和实时性。为了实现上述要求，创新教育在规划教学课程和教学内容时，需要深刻理解和准确把握当前以及未来社会对人才的实际需求，在培养人才具备基本的相关知识、技能基础上，配置相应的实践、动手以及测评标准。值得强调的是，要格外重视对学生个性化特长的发现和培养，尽可能帮助每个人发挥出其最大的价值。

2. 健全、完善课程体系

为了使整个课程体系更加健全、完善，教材方面的变革和改善需要以基础、专业、个性为依据进行划分。

第一是基础课的课程体系。目前，这部分课程体系处于相对较为成熟、完善的状态。近现代以来，我国教育的重点发展对象就是基础性课程，时至今日，仍在推动和落实基础课程的改革。经过一百多年的实践和改革，基础课程体系已经趋向稳定和成熟。虽然我们已经进入新时代教育环境，但是基础教育课程不容忽视。基础课程需要选择使用一些各方面水平和质量都比较高、持久力强的教材，并且参考实际情况，必要时可以教考分割，以保证基础课程的教育培养目标。

第二是专业性的课程体系。这个体系的教材大多是由一些高等院校和有关部门联合编制，抑或是由学校名师、相关机构专家牵头编制，再经由相关部门审批推荐的一类教材。这是由于一般的常规性、中规中矩的教材难以紧跟社会快速发展的步伐及时做出调整，因此需要编制此类教材。

第三是充分挖掘学生特长的个性化课程体系。此类课程体系一般由学生根据自身需求自主定义，以学校自身的特色和基础条件为根本依据，再深度结合学生生源质量和素质水平，最终确定最为合理、有效的课程体系的构建形态和方式。

3. 推行形式多样、风格多变的教学方式

创新教育的课程体系由基础型课程、专业性课程和个性化课程三个方面共同组成。第一，基础性课程体系方面，应当着力构建严谨健全、清晰合理的知识网络架框架，这有赖于教师以认真负责的教学态度和严谨的教学方式对学生们进行引导和传授。此体系下的教学方式通常对于知识的合理性和准确性较为重视，重在夯实学生的基础知识，进程较为缓慢。第二，专业性课程体系方面，高度重视理论和现实的有效统一，社会现实情况与课程体系紧密相连，在此基础上实行课堂传授与课外实践深度结合的模式，同时适时结合情境教学模式，这样的教学形态能很大程度提升教学水平和效率，真正让学生实现学以致用的最终目标。第三，个性化课程体系方面，该类课程可采用地方特色课程的教学方式，由学校从自身现实条件和学生个人情况出发，自行制订教育教学方法。

4. 组建灵活多变的高适应力创新教育团队

本质上说，要想真正提升创新教育的水平和质量，提高教师的职业能力水平和教学质量是至关重要的。要更好地培养创新型人才，就必须拥有更高素质的教师团队，团队中的各个成员的能力和水平都是一流的。具体到课程，需要有相应的教学方式区别对待。对于一些专业化课程，相关的教师要做到如下几方面，即专业课程的设置与大众化教学内容相匹配、重视对知识的整体把握、授课内容和形式上偏向于专业知识和专业技能方面、尽可能地深度结合现实与理论、促进专业知识和市场需求的紧密联系。而个性化课程则要求教师发挥自身优势特长，充分挖掘学生在特长领域的潜力，并加以引导和培养，真正从学生的角度出发，为每个人的发展做出合理的规划。

5. 协调教与学之间的平衡

学生是创新型人才培养的目标和主体，其他一切都是为培养学生服务的，只有让学生形成自主性和自觉性，让他们能够积极主动投身到兴趣探索和创新研究中去，并能取得一定的成果，所进行的创新教育制度的改革才能发挥作用，这条革新的道路才能够长久推行下去。因此，学校要切实从管理和实施两方面履行好自己的职责，真正协调好学和教的统筹关系，改革才能够更加深入彻底。

（四）教学方法要求

创新是一个国家核心竞争力和发展潜力的体现，它绝不是天马行空的想象、不切实际的幻想，而是需要以现有知识和社会现实作为基础，并以教育作为不断发展的坚实后盾。无论是知识创新还是技能创新，没有教育的发展作为推动力都是无法长久进行的。因此，我们要真正实现我国学生甚至全体公民创新意识和能力的全方位提升，充分挖掘他们的创造创新潜力，就要着手于教育形式和内容的改革，使之能适应社会对创新型人才的要求，向社会源源不断地输出符合现代化特征的创新型人才，以此提升我国的综合实力。

创新教育是指从事教育行业的每个人都能真正以创新的思维进行教学。创新始于课堂，教育工作者需要形成独特的教学风格和方式，很显然，一成不变的传统教学模式已经不能满足现代教育发展的需要。创新型人才培养是以新时代创新型思想和观念为核心，寻求一套能培养学生创新意识、强化其创新思维、锻炼其创新能力的教学理念和方法，让广大学生既能够系统地掌握各个基本学科的基本知识和技能，又能够全面提高他们的创新能力。其中包含对学生创新思维和意识的培养，引导并鼓励学生打破原有的思维定式，以新的思维方式看待事物，让学生对世界诸多事物有新的认识，创造出新的东西。

培养学生创新意识的目的就是让学生们勇于创新、善于创新并形成创新的思想理念。除了创新意识，创新能力也是学生培养工作中的一项重要内容。培养学生的创新能力就是让学生学会在现有资源上进行再加工，以全新的眼光看待问题，提升动手操作能力和熟练运用所学知识创造新知识和新技能的能力。学生要敢于将自己的创新思想表达出来，不要出现空有一腔热血无处施展的尴尬境地。此外，还要重视对创新人格和创新素质方面的培养，鼓励学生树立远大的理想抱负，并以此为信念进行持久不衰的创新和奋斗。

传统的教育教学方式在创新教育理念下没有存在的价值，如果让传统教育模式仍然在高校教育中盛行，不仅不利于培养学生的创新性，还会打击和抑制学生创新的欲望和动力。在知识、思维大爆炸的时代，为迎合新时代对人才的迫切需求，教育体制改革之路势在必行，只有找到切实有效的创新教育方式，彻底打破传统教育的思维模式，才能更好地为新时代输送高质量人才。创新教育要求教师先要具备一定的创新思维和观念以及相应的创新能力，也只有这样的教师才有意识、有能力为学生打造一个和谐、舒适、具有创新氛围的课堂环境。

新时代下，教师的作用已不仅是传授知识和答疑解惑，更应该在学生的创新精神培养上起到良好的积极作用，引导和鼓励学生，用自身理解的创新思维和意识去影响学生，促使他们提高创新能力，走向创新之路。在实施创新教育时，教师应将自己转变为启发者、引导者的角色，及时有效地为学生排疑解难，避免以前灌输式教学方法造成的不良教育结果。教师在授课过程中，要始终坚持以学生为核心，更多地站在学生的角度考虑问题，如此才能激发他们的创新激情和学习积极性。

在学生创新能力的培养和挖掘中，教师的作用非常关键，对于学生提出的一些问题，教师要给予认可和尊重，支持和引导学生积极发表自己独到的见解，为学生提供更为广阔的发展空间和更有意义的实质性建议。开放的学习环境和放养式的教育模式是培养学生创新思维的推动器，在日常的课堂上，教师要尽可能帮助学生树立信心和目标，使学生最大限度地认识自身价值，让其身心变得更加健康、坚强。教师在教学中要重视激励、奖励的教学手段，着重培养学生的自立自强意识和顽强拼搏精神。我国的传统教学太过于偏重基础知识的学习和反复学习，一味强调背诵和抄写，还有很多没有实质性意义的考试，在很大程度上阻碍了学生思维的发散，束缚了学生进一步探索的欲望，更多的人都止步于对书本知识的死记硬背。引导学生要把握好力度，做到适可而止，恰到好处；对学生要有严格的要求，但应避免学生感到压抑、不适。要适当地给予学生启示和开导，调动他们探索的积极性和成就感，但绝不是将答案和正确做法放在他们眼前。

现代化教学手段的运用是培养学生创新思维和创新能力的有效举措。合理地使用现代化教学手段和工具可有效提升创新型人才培养力度。现代教育技术，尤其是现代教学模式，有效地推动了传统教学向现代化教学转化的进程，为调动学生的创新兴趣和积极性，营造良好的学习氛围和校园环境，提供了巨大的便利条件。教师作为知识和技能的传递者，要做到理论知识和实践能力的有效融合、统一传授，这样才不会培养出只能纸上谈兵的学生。现代化教育技术致力于有效引导学生通过探索、深究有价值的知识获得更深层的知识，并将"杂乱无章"的零散知识梳理、构建成清晰的知识系统，这是培养和锻炼学生创新思维和创新能力的过程，能够培养学生独立思考、独立学习的习惯。

在教学中充分利用现代化教育技术是一个十分明智的选择。首先，可以促使学习者挖掘自身潜能，保持持久高效的学习状态，提升学习效率，在最短的时间内汲取更多的知识；其次，给学生提供学习更有价值的知识的机会，让学生根据自己的兴趣爱好和实际情况有针对性地选择适合自己的知识和技能；再次，学生可以自主选择最适合自己的学习方法和工具，充分发挥自身的主体性和主动性；最后，运用现代化教育技术和手段，彻底摆脱了时间和空间对学习活动的束缚，学生们可以随时随地反复观看教师的讲解和技能的演示过程，可以借助诸多渠道和手段补充对知识和技能的认识，深化自己的思考和理解，从而构建属于自己的知识体系。

现代化教育技术是创新教育引导学生创新思维，发展其创新能力的有效手段。现代化教育技术囊括了数量巨大的教学资源和形式多样的教学信息演示手段，可以满足短时间内传输大批量教学资料的要求，同时达到影音结合的效果。现代化教育技术并不局限于教学内容的更新换代，更多地体现在对教学知识进行研究、探索过程中的创新思维，这有效解决了传统教育中的一些不足之处。既能生动形象地再现知识，形成积累的全过程，又能实现对知识的梳理和构建。例如应用动画能模拟出真实的教学过程，经过科学精密的计算机演示，不仅能够完整生动地呈现思考过程和最终结果，还能提升解决问题的精准度和效率，极大地推动了教学的进程。

现代化教育技术的应用有助于培养学生的想象力和注意力，为进一步培养创新意识和创新能力打好基础。另外，信息的多样化、广泛性、开放性和共享性等特性，融合多媒体手段的巧妙演示，可让知识脉络更加清晰可见，强化教育效果。教师在教育教学过程中，不再受到黑板和粉笔的局限，而是多方位利用形、声、影等多媒体辅助手段，充分落实自己的授课安排，尽可能详细、彻底地进行知识的传授。教师可将每节课所要讲授的知识内容和技能应用穿插进计算机辅助教学课件之中，再配以本身的讲课习惯和技巧，结合学生的兴趣、偏好等，以达到授课的最佳效果。值得强调的是，讲授的知识内容不一定保持连贯，间或穿插间隔性和跳跃性的内容，不仅可以吸引学生的注意力，引导学生深入思考，而且方便展示教师的综合实力和人格魅力，使其对学生具有更大的吸引力和说服力，提升教学质量。综上所述，像CAI（计算机辅助教学）这样的教学模式，对于教师在教育教学质量和水平提升上具有很大意义，也是未来我国教育体制转型的重要方向之一。

第五节　高校创新型人才培养模式的发展策略

一、理念引领，完善创新模式

创新型人才培养的理念，是创新型人才培养模式的重中之重。在创新型人才培养的理念上，必须遵循个体成长规律，使得创新教育从小开始；尊重学生个性发展，培养学生兴趣爱好；遵循创新型人才成长规律，注重创新思维培养这一关键。

（一）遵循个体成长规律，创新教育从基础开始

在个体成长的过程中存在着规律。在创新型人才的培养过程中，必须遵循其中的规律。首先，要了解学生个体的综合素质。个体综合素质的高低，影响着其思考能力与学习能力的发展。其次，要了解学生个体基础知识的掌握程度。扎实的基础知识，有利于个体更灵活、更透彻地理解深层知识，激发其专业潜能。再次，要了解学生个体专业素质的发展与专业知识的掌握。优秀的专业素质与专业知识，才是真真正正发展成为创新型人才的第一把手。最后，要做好基础知识与专业知识的衔接与过渡。在实际的教学过程中从基础知识教授向专业知识教授的平稳过渡，学校可以在基础知识的学习阶段，适当安排少量的专业课程，让学生在正式进入专业知识的学习之前有个心理适应过程和过渡阶段。

（二）尊重学生个性发展，培养学生兴趣爱好

世界上的一切事物，都是独特的，它们的独特性也决定了它们在发

展道路上的唯一性。学生群体的个性特征更是明显。在学生的个性因素中，兴趣爱好在创新型人才发展过程中发挥着重要作用。学生独特的良好的兴趣爱好，有利于学生思维与实践的创新。所以，在创新型人才培养的过程中，必须尊重学生的个性，尊重学生优良的兴趣爱好，并科学引导其向深层次发展，使其成为学生创新才能发展的动力。

（三）遵循创新型人才成长规律，关键在于创新思维

人的成长发展是有规律可循的，创新型人才培养亦是如此。因此学校要尊重学生的心理发展特点，遵循创新素养的形成过程，在教学过程中，要鼓励学生善于观察、勤于思考、乐于动手，这是培养综合素质、激发创新意识、提高创造能力的有效措施。

在创新型人才成长当中，创新思维的培养显得尤为重要。小型的研讨班有利于激发学生思考、发表自己的观点并在讨论中完善和捍卫自己的观点。耶鲁大学长期坚持小型研讨班这种教学方式，特别重视小型讨论班对培养创新型人才的作用。耶鲁大学认为这种人才培养模式有利于学生学习积极性、主动性，思维批判性和创造性习惯与精神的养成，以及从不同视角看问题、不断创新的能力的培养。故而，在创新型人才培养的过程当中，我们应注重学生创新思维的培养。

二、课程引导，培养创新素质

课程体系设计，教学内容的选取直接决定着所培养的人才的类型、规格和质量。我们认为应当在有限的时间内建立一个有效的、开放式课程结构体系，即有利于学生未来发展的课程结构体系。

(一) 基础知识课程与专业知识课程

基础知识作为专业学习的根基，需要受到高校课程改革者的重视。当前的基础知识课程过分注重专业领域内的开发而忽略了基础知识课程的横向发展。除了广泛意义上的基础知识课程，在介于基础知识课程和专业课程的中间领域，专业基础知识作为专业学习的铺垫，其重要性不可小觑，所以在对基础课程的设置上，高校要重广泛基础知识和专业基础知识的协调发展。此外，在专业课程的设置上，高校要认真审视当前的社会发展现状，紧跟时代步伐，及时修订授课教材，以便高校的教学内容不脱离社会发展的轨道。

(二) 技能课程和实践课程

创新素养是创新知识、创新意识、创新能力的统一结合。在课程构建当中，我们不能忽视技能课程和实践课程的设置与开发。技能主要包含的概念是解决处理事情的方法、程序、步骤和熟练程度以及对事物的理解程度。因此，技能课程的设置有利于让学生了解如何去思考问题和应该怎么样去解决问题，这对创新思维的培养是非常有利的。实践主要是指参与到实际的社会角色当中，运用自己所掌握的知识与技能去实际解决某个问题、完成某项任务。实践课程的设置，有利于学生更好地将理论知识和实践知识结合，从而提升其实践能力。基于此，在创新型人才培养的课程设置上，我们应认真对待知识课程、技能课程和实践课程三者之间的不同与联系，正确处理这三者之间的关系，真正构建出符合创新型人才培养的课程体系，在知识传授之后，要适时对学生进行技能课程和实践课程的教育，使学生的心智技能和行动技能都能够得到培养，使学生面对问题时能够自觉地"思考问题、解决问题"。

(三) 必修课程与选修课程

长期的应试教育，使学生只注重学习要考的知识，对课堂以外的知识，没有精力也没有兴趣学，久而久之造成学生理论素养差、知识面窄、综合能力弱等缺陷。因此，在实施学分制方面，高校应该给学生更多的自由和选择的空间，高校可以通过采取加大选修课比重、开设更多的有益于学生"个性化"发展的选修课等措施来满足学生对选修课程的需要。另外，必修课的主体地位理应受到保障，在学位授予条例不改变的情况下，我们仍应注重学生在某一专业的精细化发展，而必修课程就是保证专业纵深发展的坚实堡垒。

三、环境引发，提升创新意识

(一) 强化师资队伍建设

学校的教学发展，学生的成长成才很大程度上依赖于教师的能力与水平。大学是思想碰撞的园地，学生接触的信息方方面面，学生获取信息的方法随着科技的发展越来越便捷。

高校教师不能一直停留在以往依赖于课本和讲义的阶段，采取传统的教学方法将知识灌输给学生，需要不断创造适宜学生学习的讲授学问的新方法。同时尽力为学生提供学习资源和学习环境。

我们认为教学方法和手段创新的内涵至少包括三个方面的内容。首先是如何引起学生学习的兴趣，增强学习的内在动力；第二是如何激活学生的大脑的功能，提高学习效率；第三是如何激发学生创造的欲望，使学生善于思考、乐于动手。

让学生通过自己的亲身实践来体验大千世界的奇妙、探索过程的甘苦、科学思想的精髓、成功创造的愉悦应当是学生的最佳的学习方式。参与科学活动比掌握科学知识更加重要，最重要的是师生都必须以积极的心态参与到教学活动中去。

（二）开展创新创意讲座

创新创意讲座是学生获得创新意识的又一途径。在现有的创新创意讲座当中，高校基本上都能够做到积极邀请相关领域的专家来校开展相关讲座，让学生知晓学术最前沿的发展动向是什么。高校开展创新创意讲座要有一个系统化的安排，这样有利于学生根据讲座的内容进行知识基础的积淀。高校要注重学生与讲座主讲人之间的互动，在即将开展讲座之前，要注意运用网络等相关途径让学生知晓讲座的大致内容以及听取讲座所需做的准备。另外，在学术讲座之外，高校还应邀请企业相关人员到校进行有关最新发明、最新创意等方面的讲座，演示创新创意发明的过程与使用，让学生知道目前社会上需要的是什么，这种直观的讲授更有利于激发学生的创新意识。

（三）注重创新创意宣传

影响人的态度转变的因素包括信息的传递者、传递信息、信息的接收者以及情境等，要使学生的思想意识形态转变到注重创新上来，必须注重信息的接收者（学生）所处情境的创设。高校应充分利用宣传标语、宣传海报、宣传橱窗、板报、校园广播、校园网、微信公众号、博客、微博等营造具有浓厚创新氛围的校园环境，要将创新凝聚成校园文化的内涵。

创新文化氛围的创设是一个长期的过程。在这个过程中，我们不能搞形式主义，依靠创新的口号、创新的架子和创新的过场，这难以从实际上使创新观念深入人心。创新文化氛围的创设必须"有形式"但不能"唯形式"。一定的形式，是创新文化建设的表现方式，而过分看重形式，就有可能落入形式主义的窠臼。

四、搭建平台，提高创新能力

学生创新能力的提高有赖于创新实践平台的引入，只有学生真正地参与其中，才能使学生的创新能力得到提高。在平台搭建上，需要在鼓励多方力量共同合作培养、繁荣学生创新组织建设、启动创新网络平台搭建上下功夫。

（一）鼓励多方力量合作培养

创新能力的培养，不是依靠个体的努力以及导师的引领就可以实现的。创新能力的培养与发展，更需要社会各界不同力量的支持与帮助。校方在创新型人才的培养过程中，积极运用社会各界的优势，让学生在掌握基础知识与专业知识的同时，也可以接触社会上与自身专业有关联的实践知识。所以，在我国，创新型人才的培养体系更需要进一步改进。

（二）繁荣学生创新组织建设

学生创新能力的发展，一方面是基于个人的专业知识与技能，另一方面，也要依附于创新组织。高质量的创新组织，可以让学生在团体中领会更广更精更细更专的知识，给予学生更多的创新素材与创新灵感，并让学生在团队合作与交流中，进一步客观认识自己的知识水平，从而更好地发展自己的创新才能。因此要加强学校创新组织团体建设与管理，吸引更多优秀学生加入创新组织团体并互相学习，互相促进。加强设置创新学术项目与创新实践项目，科学培养并发展学生的科研能力和科学素质。

（三）启动创新网络平台搭建

网络是时代发展的一股强大推力，互联网时代的发展与完善，让两地之间的技术学习与经验交流更加方便快捷。科学合理搭建网络平台，有利于促进学生在创新理念与学习经验方面进行交流，从而提升自身的创新素养与创新能力。在创新型人才培养的过程中，必须充分利用好网络，积极科学搭建创新网络平台。利用这个平台可以做到以下几点。其一，开展创新创意活动。各大学可以不定时开展创新活动，学校之间学生之间可以共同参与。其二，实现创新帮扶。在创新过程中，有疑惑的学生可以在该网络平台提出问题寻求帮助，让更多的创新型人才共同思考疑惑，促进问题的解决。

五、管理引航，激活创新制度

（一）完善学生评价制度

教育评价具有诊断功能、激励功能、调控功能、教学等多种功能。要充分利用好教育评价的这些功能，高校要由以往"重形式"的评价转变到"重实效"的评价上来，以往的教育评价往往只注重评价的形式，基本上运用了教育评价的激励功能，而教育评价的诊断功能等并未得到利用；要由以往的"重结果"的评价转变到"重过程"的评价上来，将定性与定量相结合，综合评定学生的水平；要由以往的"重知识"的评价转变到"知识、技能、能力三者并重"的评价上来，以往的评价基本上都是对学生知识掌握情况的评价，多以笔试为主，而忽视了学生技能和能力的评价，因此必须改进评价形式，利用案例分析、课程论文、实践表现等评价形式，即考察必要的识记、理解，注重活学活用的能力。

（二）完善教师激励制度

激励因素是那些与工作内容紧密相关的，能促使人们产生工作满意感的因素。在工作中，如果有激励因素的改善，就会使人们产生工作满意感；如果这种因素缺乏，则会使员工产生"不满意感"。当前高校人才培养模式下创新实验区教师的工作压力普遍偏大。高校必须在缓解教师工作压力的同时实施相关的激励措施，来使教师愿意去培养学生，乐于培养学生。

在目标激励方面，要适当地设置目标，激发人的动机，调动人的积极性。在学校管理中，应当给教师设定与集体目标相一致的个人奋斗目标，如指导学生在比赛中获得某种成绩的奖项等。成就激励是指支持和帮助员工取得工作成就，以激发他们对工作的内在热情的一种激励方式。在成就激励方面，在我们的学校里，应特别注意帮助教师在职称评定、教学竞赛、课堂教学、指导学生等工作中取得成功，让他们获得充分的自信，对自己的前途充满信心，对自己的工作感到游刃有余，并逐步赢得广大学生的爱戴和家长的尊重，成就他人，快乐自己。

（三）完善教学管理制度

完善教学管理制度是教育教学工作的重点，是提高教学水平的手段，是促进教师积极工作的重要举措。学校健康发展首先就是要注重教学管理制度的完善，确保其制度的准确性、有效性、可实施性。完善教学管理制度，也需从人才创新的角度进行思考。完善教学管理制度要以创新型人才培养为根本点，注重人才的全方位发展，不断激发其潜能，争取在实践中获得更多的知识与技能。当然，完善教学管理制度还需要从学校的自身情况考虑，不能盲目跟从，否则学校创新型人才培养策略只会成为一纸空文。

（四）完善资源整合制度

教育资源主要分为校内资源和校外资源。在校内资源上，学校教育资源主要分为物质资源和人力资源。物质资源主要是教学设备、教学场所、教学用具等。人力资源则指的是教师资源。学校教育资源对创新型人才的培养起着重要的影响。完善资源整合制度可从物质资源整合和人力资源整合两个部分入手。一方面，完善资源整合要从人力资源角度考虑。教师是教学工作的指导者，学生的知识获取主要通过教师的教学。教师个人素养的高低、知识的渊博程度、教学能力的强弱都会对创新型人才的培养有影响。教师在教学过程中要将创新理念融入课堂中，让学生感受到创新的力量，才有可能形成创新意识。另一方面，学校应完善物质资源整合制度。高等教育学校要培养创新型人才，就必须具备培养创新型人才的场所，因为创新意识很多时候要从实际操作中获得。学校应增加创新实验基地，学生实际操作场地、实验室等能够使学生的动手能力得到提高的地方，让学生更好地在实践中培养创新意识、提高创新能力。在校外资源上，学校应该充分利用政府、企业、科研单位等的资源优势，搭建实践科研平台，而在这一方面政府需要制定出相应的制度与措施来保障多方共同培养的长效发展，如对企业参与人才培养进行税费减免、对事业单位参与人才培养给予专项经费支持等。

第五章 高校创新型人才的培养实践

第一节 高校创新型人才培养要素

一、培养理念

培养理念是高校创新型人才培养的思维，是人才培养的逻辑起点。首先，它是领导者的治校治学思路，是高校管理层的智慧结晶，始终带领高校发展，对高校人才的培养起着定向引导的作用，以培养理念为准绳，可为高校发展纠偏；其次，培养理念渗透在人才培养方案、培养目标、培养计划、课程设置等方面，甚至连毕业生身上也强烈反映着培养理念。创新型人才的培养理念一般包含以下几个方面：以人为本的理念，强调教师的主导和学生的主体地位；全面发展的理念，贯彻德智体美全面发展的要求；个性化理念，强调个性的养成，正确看待学生不同的个性；开放性理念，秉持包容的原则，为创新型人才的培养创造宽松的环境；多元化理念，重视教育多元化，为创新型人才成长创造多元自由的氛围；系统性理念，强调培养的连贯性，以长远的眼光来看待人才的长成，建立完善的培养体系。这些方面相辅相成，在创新型人才的培养过程中发挥着重要作用。

二、培养体系

创新型人才培养体系的构建应该紧紧围绕创新型人才的内涵、结构来展开，基于创新教育理论，依据创新型人才阶段性、层次性的成长规律，秉持"豫时孙摩"的原则，构建科学的人才培养体系。明确创新型人才专业的方向、目标，按照既定的方向去实现创新型人才的培养目标，通过一系列研究性教学，培养具有创新知识、创新能力、创新意识、创新个性的创新型人才。本科阶段是培养创新型人才的最佳时期，这个阶段学生可以积累广阔的通识知识，培育发散思维，学习专业技能，养成无畏无惧的个性，因此，创新型人才的培养应该充分利用本科阶段，激发学生科学研究的兴趣，制定与人才特征相适应的创新培养体系。

三、培养方式

高校不断调整创新型人才的培养方式，从学生的选拔、招录到教师的教学方式调整，不断改进培养方式。首先，优选优育，科学看待偏才怪才，不拘一格纳人才，不断调整录取的方案，制订个性化的培养方案，秉持公平公正公开的原则，发现挖掘具有创新能力、创新意识的人才。其次，树立教师榜样，立德树人，言传身教，培养教师研究性教学思维，强调使用创新教法，针对不同个性的学生开展个性化的教育。

四、师资力量

师资力量是影响创新型人才质量的重要因素，教师水平的高低，创新能力的强弱，直接影响创新型人才的培养。师资队伍凝聚力强的集体往往整体水平也是水涨船高，在高水平的集体里更容易出现高水平的拔尖人才。大部分高校都注重教师跨文化交流，与国内外大学建立合作关系，开拓教师国际化视野，邀请高水平的国内外名师来校讲学、将教师送到海外一流大学和实验室访学，完善海外交流体系，建立国家、学校、学院、社会等多渠道的海外访学资助体系。

五、环境管理

环境主要涉及内部环境和外部环境。内部环境主要指高校，包含教师榜样作用、学生同辈效应、管理人员素养、校园文化氛围；外部环境指社会大环境，包含就业市场、行业前景、高校的社会影响力、高校口碑、国家发展的情况、国际地位等。从内到外环境的变化都会影响创新型人才的培养，一个宽松自由的环境是创新型人才成长的沃土。

第二节　创造力的培养

有关创造力的研究很多，但创造力和智力一样，一直没有公认的确切定义。创造性的行为和过程至今仍然是个令人感到困惑的问题。长期以来创造力一直被看成是一种超常的能力。从古希腊开始，人们就将人类的创造力视为缪斯女神的恩赐，甚至伟大的哲学家柏拉图也支持创造力是神秘的和毫无理性的观点。但有人认为创造力的核心特征应该是类似物理学的独创性和规律性，而艺术家又认为创造力应该是充满想象力和创新的。由于这些观点各不相让，对创造力的评价和定义也各不相同，因而有关创造力的实验性研究非常分散。研究者通常用他们自己的研究方法来定义创造力,一般的方法包括心理测量学的评估,社会认知和人格发展的影响,认知过程的分析等。这些方法有一个共性的问题就是绝大多数人都认为创造力只有天才或者是那些具有特殊能力的人所具有的,而不是更多的普通人所具备的特性。他们认为创造力是超乎一般人能力范围的,也是超乎我们一般的认知过程的。然而,最近的关于创造力过程的研究显示,创造力活动中的认知过程具有一定的普遍性和规律性。

一、创造力的概念

创造力是指创造者最富特色的能力。创造力是人产生任何一种形式的思维结果的能力,而这种结果在本质上是新颖的,是产生它们的人事先所不知的。创造力本身就包含有由已知的信息建立起新的系统和组合的能力。整体而言,创造力是一种心理品质。

创造力是具有积极个性心理品质的人,在各种社会实践活动中,能够打破常规去产生出具有现实意义的创造成果的能力。这里的"成果"可以是一个新概念、新思想、新理论、新技术、新工艺、新作品等。它不管是强调思维过程,或是强调思维产品,还是强调思维品质,都有一个共同点,即突出"创造"的特征。这样,在认可了创造力是一种能力的同时,又认可创造力是一种复杂的心理过程和新颖的产物。按照这样的理解,对创造力的判断标准应该有三点,即是否新颖,是否独特,是否具有社会或个人价值。"新颖"主要是指不墨守成规、破旧立新、前所未有,是相对于历史而言的纵向比较;"独特"主要是指不同凡俗、别出心裁,是相对于他人而言的横向比较;"有社会价值"是指对人类、国家和社会进步具有重要意义,如重大发明、创造等;"有个人价值"

则是指对个体的发展有意义。但是，这一判断标准，并不意味着没有进行过创造活动、没有产生过创造性产品的个体，就一定不具有创造力，也就是说，创造力有内隐和外显两种形态。内隐的创造力是其以某种心理、行为能力的静态形式存在，它从主体角度提供并保证个体产生创造性产品的可能性，但在没有产生创造性产品之前，个体的这种创造能力是不能被人们直接觉察到的。当个体产生出创造性产品时，这种内隐的创造力就外化为物质形态，成为外显的创造力。

二、创造力培养的重点

（一）明确人人具有创造能力的观念

创造力与智力不同，智力是一种认知能力，它是由观察力、记忆力和思维能力等因素构成的，而创造力是一种创新能力，它是产生新颖而有价值的产物的能力。按照创造产物或创造成果的新颖性和价值大小，科学家把创造力划分为三种水平，即社会水平创造力、群体水平创造力和个人水平创造力。

社会水平的创造力，是指产生历史上前所未有的、具有巨大社会价值成果的能力。科学家发现新规律、工程技术人员发明新机器、艺术家创作出新作品等，就是社会水平创造能力的一种表现。

群体水平的创造力是指成果的新颖性对一个群体来说是前所未有的，而且具有社会价值。个人水平的创造力，是相对于个人而言属于前所未有的，而且也有社会价值。

人们在日常生活、工作、学习中的一些新颖做法，如讨论问题时发表的新见解，作文中的新颖立意、独特构思，解题过程中使用的新方法以及小发明、小论文、小制作，均可从群体的角度对其创造力水平进行评价。这种个体水平、群体水平的创造力，是人人具有的，而且它又是发展高水平创造力的基础。

（二）重视发散思维能力的培养

尽管人们对创造力及其因素构成问题目前尚未有一个统一的看法，但确有一个共识，即发散思维能力是构成创造力的重要成分。研究者之所以把发散思维能力作为创造力的重要成分，是因为发散思维在解决创造性问题中扮演了重要的角色。人在解决创造性问题时，虽然通过解决一般问题的过程，如提出问题、明确问题、提出假设和验证假设，但它又不同于解决一般性问题。因为解决一般性问题，只依赖于现有的知识就够了，比如解一道算术习题，只用学过的数学公式就行了；写一篇作文，参照教师提供的范文就行了。但解决创造性问题却与此不同，要在现有材料的基础上，进行创造性构思，其中提出创造性假设是关键的一环，而在这个过程中，发散思维能力起到重要的作用。

发散思维，也称分散思维、求异思维、辐射性思维等，它同辐合思维不同。如果说辐合思维是指通过对信息的加工，从已有信息中产生逻辑上唯一正确的信息，那么发散思维则是指通过对信息加工，从已有信息中产生多样的信息。发散思维所产生信息的多样性，正是人在进行创造性活动时所需要的。试想，当司马光面对伙伴掉入水缸时，如果他只想到通常救人的方法，是无法救出小伙伴的。科学家们发现新规律，也需要提出符合要求的多种方案，进行多次尝试，才能获得成功，因此，发散思维能力是解决创造性问题所需要的一种能力，是构成一个人创造力的重要成分。从这个意义上说，创造力是以发散思维能力为核心的产生新颖而有价值成果的能力。

发散思维能力最容易受环境、教育的影响。在漫长的历史里，人们对各个领域里出现的天才人物，常抱有一种神秘感，把他们的伟大创造视为神灵的启示，提倡"神授说"。在心理发展的最初阶段，弗朗西斯·高尔顿采用谱系法研究天才人物的遗传问题，认为历史上的天才人物都是由遗传决定的，提倡"遗传说"。但是随着心理学研究的不断深入，人们逐渐认识到，具有高水平创造力的天才人物，他们能力的发展也同正常人一样，既受遗传因素的影响，也受环境教育因素的影响，是两者相互作用的产物，特别是能力遗传决定系数。遗传决定系数是指在影响能力发展的诸因素中，遗传影响所占的比重。

不同能力的遗传决定系数是不同的，但从总体上来说，遗传因素在能力发展中只占30%~40%的分量，起决定性作用的还是环境教育因素，其中发散思维的遗传决定系数为0.22，是最小的一个。可见，发散思维能力受环境、教育因素影响的程度，远比其他能力大，它的发展更容易受环境教育因素的影响。

(三) 关注创造性个性

创造性个性是影响创造力发挥和发展的因素。在平时，人的创造力以潜在形式存在着，当个体进行某种创造活动时，其创造力便以创造行为表露于外，创造性个性影响创造力的发挥与发展，因此，我们在对个体进行创造力培养时，不仅要培养他们的创造性思维，而且要培养他们的创造性个性。只有具有高水平创造力的人，才能称为高创型人才。根据心理学家对高创型人才的研究，发现了他们身上具有的许多创造性个性，独立性强、自信心强、敢于冒风险、具有好奇心、有理想抱负、不轻信他人意见、对复杂奇怪的事情会感到一种魅力，而且有创造性的人一般都具有艺术上的审美观和幽默感……他们的兴趣爱好既广泛又专一。研究表明，创造型青少年具有共同的个性特点，如好奇心、独立性、恒心、适应性、自信心、精力旺盛等。关注创造性个性还有下面两个理论支撑。

1. 天才人物早期特征理论

美国心理学家柯克思在谈到天才人物的基本特征时，曾认为他所研究的一切天才，在幼儿时期几乎都有明显特征。而"障碍促成奋斗力"是最为显著的特征。也有的研究者注意到，凡是在历史上表现杰出创造力、对人类做出巨大贡献的伟大人物，他们的成长都不是一帆风顺的，如《史记》作者司马迁在他的作品里列举了多位中国古代障碍促成奋斗的人物。分析认为，天才人物在进行创造活动中所遇到的障碍，不仅来自社会习惯势力，也来自创造活动本身。由于科学研究有时要经过成百上千次的实验才能成功，文学作品要经过多次修改才能在结构和文字上达到完美，进行社会改革需要更长的时间，甚至付出流血的代价，因此，"设置障碍"可以激励奋斗，有利于进行创造力培养。

2. 创造过程理论和"灵感"理论

约瑟夫·沃拉斯于1926年提出"阶段说"，认为创造过程包括四个阶段：准备、沉思、启迪和求证。后来，许多学者都接受了他的观点，并做出一些修改和补充，如雷维兹等人把创造过程概括为：准备期、酝酿期、灵感期和完善期。有研究指出，人们解决创造性问题的"一刹那"，被称作"灵感"和"顿悟"，而这一状态的出现，既不是神灵的启示，也不是天才人物头脑固有的，而是与创造动机和解决问题的方法紧密联系着的，特别是在创造性个性的影响下，经过思维的不断发散，变换思维方向，产生新颖独特产物的结果。所以，要引导教育对象捕捉灵感、体验灵感。

第三节　借助优秀传统文化提升创新素质

目前，高校教育教学改革过程中，创新型人才培养体系的构建是一个重要的课题。高校创新型人才的培养应该首先立足于学生创新素质的培养，以此达到学生综合素质的全面提升，最终实现学生自由而全面的发展。创新型人才应该首先具备人才的基本特征，即具备全面的素质，还应该比一般性的人才在创新方面有更大的潜在的能力。因此，高校创新型人才培养可以理解为以围绕提升创新素质为目标，在教育教学过程中加强思想道德素质、科学文化素质、实践能力素质、身心素质等各方面素质的全面提升。

高校不仅是培养创新型人才的重要基地，也是文化传承、创新的重要载体和源泉。高校通过文化传承培育高素质的创新型人才，也体现为高素质的创新型人才在文化创新上做出应有的贡献。可见，育人归根结底是文化问题，需要从文化的视角找寻解决的路径。中华优秀传统文化作为社会主义先进文化的重要组成部分，传承创新优秀传统文化是高等教育的使命所在，优秀传统文化教育的目的不是复古守旧，而是为了传承、创新、升华。中华优秀传统文化浩如烟海，而中华民族精神则是优秀传统文化的深层内核和灵魂，是优秀传统文化要义和精华的凝聚。因此，优秀传统文化的精神实质是中华民族精神，而中华民族精神的培育和弘扬需要通过优秀传统文化的育人功能才能得以实现。在高校环境中，中华优秀传统文化教育的目的在于推动民族精神的培育，与之相对应，高校是弘扬中华民族精神的重要阵地，民族精神的培育对高校创新型人才素质的全面提升具有决定性的作用。

一、对思想道德素质的提升

思想道德决定整个教育的方向，这是由社会主义的办学性质所决定的；思想道德素质的高低，决定了人生的境界；思想道德素质是创新型人才素质中最重要的素质，起着统领和制约作用。通俗地讲，思想道德素质决定了创新型人才发展的大方向。作为现实永恒的宝贵资源，中华优秀传统文化可以丰富创新型人才思想道德教育的内容。中华优秀传统文化教育能够使创新型人才树立"精忠报国"的社会责任感，倡导"天下为公"的爱国主义精神和"自强不息"的进取精神，树立整体意识。在传统文化的源头活水中，先贤圣哲慨然以天下为己任、国家至上的情感，已形成强大的责任爱国洪流。历史上具有高尚思想道德的史学家、文学家，他们不仅是爱国尽责的典范而且为后世留下的作品中更是饱含对祖国、对民族强烈而深沉的挚爱以及责任感。中华优秀传统文化感染、教育和激励着创新型人才，成为创新型人才敢负责任、舍己为民、舍身报国精神的强大的推动力。这些都是我们提升创新型人才思想道德素质的重要源泉。

二、对科学文化素质的提升

科学文化素质的培养属于智育的范畴，创新型人才必须具备优秀的科学文化素质。创新型人才优秀的科学文化素质首先应包括掌握从事创新活动的相关理论知识和业务技术知识，当今科学技术的加速发展，使得各个学科间的相互联系也更加紧密，因此人类在研究和解决一些重大问题时，单靠某一学科的理论是无法完成的。这种科学技术的综合化、整体化的趋势势必对人才提出更高的新要求。现代创新活动的开展，要求用人文精神引领科学精神，这就要求创新型人才不仅应该具备广博的知识素养，而且要求创新型人才必须具备自然科学和人文社会科学两种科学文化交融的素质。中华优秀传统文化中的自然科学理论至今仍熠熠生辉，譬如，《诗经》中的农业科学，《墨经》中的物理学原理，天文气象学，中医学等等。与现代自然科学相比，尽管传统文化中的某些自然科学理论已经过时，但其呈现的整体性思维、价值取向、理论基础仍然有效地指导着现代自然科学的发展。优秀传统文化中的人文社会科学理论更是不计其数，具有鲜明的人文倾向，蕴含着丰富的伦理学、文学、政治学、管理学等诸多学科的理论思想。中华优秀传统文化体现的兼容并蓄精神，可以使创新型人才处于宽松、自由的学术环境中，开放性地充分吸收人类的各种优良成果。由此，优秀传统文化教育可以使创新型人才更好地从宏观上、整体上系统地从事创新实践活动，并且能够从中更好地得到创新的启迪和灵感。

三、对实践能力素质的提升

创新型人才的实践能力是将理论转化为实践，抽象知识转化为实际成果的一种能力。就我国目前的教育体制而言，过往的教育氛围的束缚我们不去赘述，高等教育的开放性、活跃性、专业性等特点，以及人才在此阶段的生理心理特征，使得高等教育阶段成为开发人才实践和创新能力的绝佳时期。在理论与实践的辩证关系问题上，中华优秀传统文化中一些优秀人才身上所体现的精神主张是面向实际，以高度的历史责任感，胸怀"丈夫贵兼济，岂独善一身"的志向，把个人命运和学问求知的落脚点系挂在济世安民、服务社会、解决现实问题、推进国家繁荣和社会进步上，反对空疏理学和腐儒清淡、坐而论道的陋习。其精髓是密切结合社会实际，强调主体的实践能力，以笃学致用的求真精神，去探讨学问的具体应用和实用功能。王夫之曾讲道《尚书·说命》中的"知之非艰，行之惟艰"，来证明行重于知。中华优秀传统文化体现着深刻的笃学致用、知行统一的求真实践精神，中华优秀传统文化教育在创新型人才培养体系中的合理融入，对提升创新型人才实践能力素质的无疑是非常有益的探索。

四、对身心素质的提升

创新型人才身心素质体现为对身体素质和心理素质的双重要求，身体素质是心理素质的前提，健康良好的身心素质是高校创新型人才成长的基础和关键。学生身心素质的下降，势必会影响高校创新型人才培养的质量和成效。近年来，各地高校也开始重视并加强对学生身心素质的培养。

　　良好的身体素质的培养主要是通过加强体育锻炼以及科学的养身方法，我们古代的先贤智者把人分为"身"和"心"两个部分，"身"为肉体，"心"是心灵，身有形而心无形，据此提出了不少养生之论。比如，有益于全身的太极拳运动，这种体育健身运动不仅可以怡情而且对全身各个系统都颇有疗效，国内不少高校已经将其纳入到学生的体育课程当中，其养生健身的疗效在长期的实践中得到了证实。心理素质的培育从理论上讲是可以从多方位和多角度着手开展的。然而，就现实而言，高校大学生的"心理问题"大多具有鲜明的"中国特色"，心理素质的培育不能完全照搬西方的心理教育理论和方法，针对"中国人的心理模式"，心理素质培育的本土化取向更能"因地制宜"而引起共鸣。中华优秀传统文化里的文化典籍中蕴含有丰富多彩、异彩纷呈的心理理论，诸如儒家主张的"修德养心""吾日三省吾身"的自我心理调节、"内圣外王""格物致知"的价值取向，道家力推的"恬静养神"等。这些文化所蕴含的思想满足了创新主体在心理调适和价值追求以及健康心理维护等多方面的需求，仍然能够给现代人才的心理素质培育以启迪。

五、对创新素质的提升

　　创新型人才的创新素质是与创新实践活动直接相关联的素质要素，它包含五个要素的内容。创新意识、创新思维、创新知识、创新能力、创新人格。创新素质作为创新型人才素质当中的关键点，其中的创新意识、思维、人格都是从人的个性心理特征、思维方式以及个人意愿等方面对创新型人才的培养对象进行的训练，是优秀传统文化的主要培养目标。创新意识是开展创新活动的起源，创新思维具有独创性、不可预知性等特征，而灵感、顿悟都是长期的文化熏陶下的结果。人格及创新人才的意志、情绪等都是和人文素质教育的范畴理念相契合的。在创新素质的五个要素当中，创新思维是思维的高级形式，是创新活动的内在驱动力，与一般的思维比较而言，创新思维具有流畅性、变通性、独特性等特征。

首先，中华优秀传统文化中整体联系思想可以强化创新思维的流畅性。流畅性指的是思维的灵敏速度畅通无阻，思维是否流畅以及流畅程度的大小，取决于一个人的辩证思维能力的强弱，是与他能否全方位把握事物的普遍联系直接相关的。中华优秀传统文化的显著特点就是贯彻天人合一理念的整体思维，把世界看成是一个统一联系的整体，着重探索天与人、主体与客体、自然与社会等各方面之间的联系，以便从整体联系中把握事物的规律。例如，中华优秀传统文化中的"五行"学说，现实生活中的季节、方位、音乐乃至人体器官等都可以分成与五行相对应的五类，最生动的例子就是中医就不主张"头疼医头，脚痛医脚"就事论事割裂的治病方式。五行虽然各自独立，但它们之间是紧密联系的，并非孤立存在的，五行间通过相生相克的联系共同构成一个大的有机整体。

其次，中华优秀传统文化中变化发展的思维视角可以强化创新思维的变通性。变通性指的是思维能根据时间、地点、条件的变化，不断地改变思维视角，善于从不同的方面去观察问题、分析问题，创造性地解决问题的能力。思维能不能灵活变通，是与一个人的辩证思维能力的强弱成正比的，与他能否从不同的角度把握事物的变化发展是直接联系的。

中华优秀传统文化历来主张"穷变通久",认为人类历史的演进就是一个不断变易的过程,世间万事万物永远处于变化之中,没有永恒的对与错。

最后,中华优秀传统文化中质疑求新的思维角度可以强化创新思维的独特性。独特性又称新颖性或者求异性,指的是不墨守成规、不因循守旧、敢于大胆怀疑,以敢于挑战权威为前提,用新角度、新观点去认识事物,并提出超越当前的新观念、新方法、新答案。思维独特性的发挥取决于一个人能不能从不同的角度去认识事物,去解决问题,从质疑求新的思维角度去认识万事万物。中华优秀传统文化中不乏敢于质疑超越求新的例证,例如,明代地理学家徐霞客就曾足迹遍四方,不畏艰险,勇于探索,发前人所未见,开创了近代地理学的研究方法,纠正了很多流行几千年的谬误。

在创新素质的诸多要素当中,创新人格的塑造是创新素质发展的关键,创新人格是一种动力连贯一致的内部倾向,属于非智力素质的范畴。在创新实践活动中,具备创新人格的个体,能够表现出有利于创新活动的各种优良品质,可以很好地实现对自身创新能力的驾驭,创新个体通常具备较强的创新意识和创新精神。创新人格不会自然形成,是长期社会化的结果,具体表现在创新个体的创新信念、价值以及态度等方面。从本质上讲,塑造人才创新人格的核心实质就是解决其人生价值观问题。人生价值观是指人们对与自己需要相联系的人生目的、人生意义以及人生道路进行评价和追求时所持有的内在尺度。文化尤其是优秀传统文化有助于塑造创新主体的健康人格。通过优秀传统文化教育及人文底蕴丰富的社会实践,可以拓宽创新主体的人生视野,使他们增长知识才干,磨炼意志，张扬个性，优化心理品质，提高创新活力。通过倡导优秀的文明风尚，开展正确的价值观教育，使创新个体坚定地将自己的人生价值同创新活动相联系，强化创新定力。

第四节 高校教学和管理方式的调整

一、改革和完善高校教学管理和评价体系

我国高校需要围绕树立品行、教书育人的最终目标，全方位推进深化创新教育改革的进程，切实革新创新型人才培养制度和模式，建立起与现代化高校教育管理模式相匹配的学校管理体系，加快创新型人才培养的步伐。高校依据本校人才培养理念和对创新型人才培养的理解，有意识、有计划地转变单纯用考试成绩来评定学生优秀与否的现实状态，并落实双向选择的招生政策，学校在筛选学生的同时，让学生能够根据自己的意愿自主选择学校。

采用以学生自主学习为最终目标的教育模式。实现从教师在教学中占据主导地位到学生占据主导地位的重大转变，以全面提升学习效果，构建翔实有效的人才培养机制为实施思路，并将这种思路深入落实于整个教育教学之中，通过优化课程的各个环节，达到教育教学的最佳效果。

(一) 构建多形态多模式的创新型人才培养模式

更多地尝试运用微课等现代教育技术手段，跳出传统教学思维的束缚。教师可向学生们提出一些富有趣味性和挑战性的问题，引发学生的

思考和想象，通过教师与学生、学生与学生间的良好交流互动来有效获得并合理运用更多的知识，在学习中不断增强信心，充实成就感，同时能让学生认识到团队合作的重要性和积极意义。

（二）打造特色课堂

这种课堂的表现形态多种多样，且极富创造意义，主旨是在充分考虑各个学生现实情况的基础上，将梦想变成现实。以创新发明为主要目的的创客在各大高校越来越受到学生的追捧，甚至很多小学都开始建立创客空间，为学生发挥自己的想象力和创造力、探索和建设新世界提供便利，营造了创新环境和创新氛围，以项目分配的方式组建相应的兴趣小分队，整合各类资源，为满足学生个性化发展提供便利。

（三）建设更高级别的学生实习基地

利用某些国家级工程项目搭建本校学生校外实践的平台，引导和鼓励学生走出校园、走进社会，积极参与到实践活动中，在实际应用中锻炼自身的实践能力和创新能力，切实改革教育教学模式，整合多方面的资源，构建与社会主义核心价值观、社会主义建设目标及学校教学大纲相匹配，以从业目标为导向的实践型教育教学机制，强化学生的自主学习能力和创新能力。

（四）鼓励学生进行国际研学旅行

在经济全球化的大环境下，借鉴和学习国外优秀经验是创新型人才培养和发展的一种关键性措施。如今，越来越多的高校积极实施交换生计划，为更多的学生走出国门提供途径和渠道，使他们能够亲身参与到国外较高水平、较高档次的学术研究和学习活动中去，达到最大限度地开阔其眼界、提升其创新能力的目的。各高校有目的、有计划地选取有代表性的学科或者方向，与世界上一流水平的名校寻求合作，让更多的优秀学生能够接受国内国外两种教育，使其成为适应国内外发展的优秀人才。

引导学生进入自主学习的状态，进一步落实因材施教的创新教育理念。在实施创新教育的各阶段中，拓展专业化道路，引导学生自主地学习和研究，引入导师制度，将"因材施教"的教学计划落到实处，力争培养出大批量符合社会现实需要的多样化、个性化人才。创新型人才培养具体可分为三个层次。首先是基础教育，基础教育要求广大学生遵循古今统一、中外融合的原则，学校要对人文、历史类的相关课程进行全面、综合变革和整合，加大力度建设基础课程，提升课堂教学水平和效果，主推小班教学的模式，并辅以较高水平的师资力量有效提升学生在基础教育层次的学习质量。

其次是专业教育，从专业角度出发，学生必须以拥有坚实的基础教育知识为前提，开展实践强化练习，锻炼和提升自己的创新能力。在这种原则的指导下，学生根据自己的实际情况，尽最大努力去拓展和延伸自己专业知识的广度和深度，将自身学到的各个学科的知识进行有效的融合，积极参与各种课外实践，并以实践经历和体验夯实创新基础。

为促进学生更好更快地成为现代化创新型人才，学校应建立健全人才培养制度，将人才培养类型细分化、专业化，并适时考虑降低学生在学校学习前期转专业或者院系的难度，建立起此方面的合理机制。另外，还要着手对学校教育教学上的诸多问题进行一系列改革措施，更新改进本科生教育的管理模式，持续完善创新教育体系，优化创新型人才培养流程，推进创新型人才培养的进度。改革学校的奖励机制，合理建立对优秀教师在创新型人才培养方面的奖励制度和标准，有效增强教师对学生特别是对新生教学的激情和动力。完善教师教学的评价标准，真正将评价体系进行细分化、专业化，形成多维度、多层次的评价标准。值得强调的是，在着手改善学校教师的评价体系时，也要对学生的评价标准进行一定的改革。不能只以一张考试成绩单去片面衡量一个学生优秀与否，而是要根据学生日常学习、实践及生活中展现出来的想象能力、创新能力和实践能力进行综合分析并做出评判。

二、结合社会需求，调整人才培养模式与目标

高等教育普及与社会经济全面发展脚步的脱节，致使高校的专业设置、人才培养与社会变化、市场要求之间形成越来越多、越来越深的矛盾点。尽管我们一直在努力加大高等教育的培养力度和范围，使社会上更多的群体能接触到高等教育，但能够充分适应社会需要的人才还是相当稀缺，我们需要结合当前及未来的社会需求，及时调整人才培养模式，以便向社会输出能适应社会发展需求、专业能力强、创新能力强的现代化人才，让那些从高校走出来的人才能多维度、多层次与市场现实需求接轨，以此来提升毕业生就业率，满足现代社会对于人才的迫切需求。

（一）改变教育观点

高等学校教育应当以培养和输出能适应社会发展要求的高素质应用型人才为目标。各高校在培养人才时，需要结合当下社会发展的方向和对人才的需求，并切实以此为出发点，向社会源源不断地输出能深度迎

合社会建设、能提高生产效率、有较强管理能力、乐于服务大众的综合性优秀人才，同时着重针对学生实际要面临的工位岗位和内容进行有侧重的深入培训。

高等学校本身需要从办学理念和人才培养目标上寻求根本性的改革，以适应社会进步和发展的时代要求，着眼于未来为学生的职业发展和人生规划谋求出路，并且根据培养目标和培养计划，对专业课的安排和设置做出适当改变。从高等教育的角度说，高校除了要重视对学生专业知识的传授，也不能忽视教育内容所应该具有的职业实用性，这是学生今后就业的优势所在，是学生实现从学校顺利向职场转移的底气和实力。高校需要切实将学生的就业问题提上日程，将其作为大学的一项基本任务，针对不同基础和特点的学生，帮助他们设计适合自己的职业规划和职业发展道路。只有扎实的知识和能力是不足以获得社会认可的，高校还应培养学生具备正确的人生观、价值观和较高的思想觉悟，锲而不舍的求知精神和成熟稳重的行事作风，这也是 21 世纪人才所需要具有的特征。

（二）更新教育教学的内容、改变课程体系结构

依据社会发展的方向和需求，改革和完善高校的教学模式，调整人才培养目标，重点建设、完善培养社会发展所需要的创新型人才的课程体系，改变课程结构、充实课程内容。首先，要及时调整专业结构，以高校本身的办学环境和条件，优化专业结构，打破高校专业设置与社会需求脱轨的现状，给学生一个更好的前途。学校所设定的学科应与社会需要相吻合，有针对性地开设专业学科；以社会发展的现实要求为依据，

增设培养相关创新型人才的课程；及时建立、健全符合社会现实发展需求的课程体系，提升学校的教育教学格局，为社会培养能力更强、更具实用性的现代化人才。其次，将理论学习和社会实践相结合。有效整合实践和创新教育，通过组织课外实践活动来增强学生们的创新精神和积极性，以实践经历来锻炼学生的动手能力和逻辑思维能力。学生可以通过自己在实践活动中的表现，对自己形成一个清晰的认识和评价，找到自身的定位，明晰发展方向，不断完善自我。另外，值得强调的一点是，创新授课内容便于让学生们更好地认识到创新科技为教育和其他行业带来的深刻变革，能够有效引导学生关注社会发展动向，开阔学生的视野，让学生更好地适应社会的发展。

（三）提升学生就业创业能力，助其适应社会竞争

学校应当认识到对学生进行就业指导的重要意义，帮助学生合理规划职业生涯，明确发展方向，为提升就业能力奠定基础，鼓励一些有想法的学生树立自主创业的意识，并勇于尝试。自主创业是强化学生创新意识、锻炼学生创新能力的绝佳选择，也为社会注入了新的活力。但笔者发现，我国的一些高校在就业指导工作上表现出较强的功利心。出现这种现象的最主要因素是就业指导核心目标不够明确，未能切实将创新创业能力的培养作为教育目标。有些高校能够认识到创新与创业能力的重要性，却没有落实到实际操作当中，没有进一步对创新创业能力进行深层解读，导致创业指导课程起不到相应的作用。其实，要想真正实现就业指导的意义，需要将创新创业能力的培养贯穿于整个大学阶段。

三、高校、企业、科研院所合作培养机制

真正落实好这一项规定,需要深刻把握可持续发展的重要理念,以市场对人才的要求和社会企业的实际需求为导向,以政府为主导力量,将创新教育改革作为主要思路,将高校和科研机构作为基石,转变思想观念,深刻将科学发展和社会进步统一起来。一方面,要尽可能地整合并充分利用资源,以提升自主创新力;另一方面,进一步推进高校和科研院所教育目标向社会需求方向的转变,向社会输出更多高水平、高素质的人才。由企业牵头增加高校和科研院所的合作和交流,提升创新力,催生更多的知识产权,加速我国的科学化进程,推动地方性创新型城镇的产生和发展。三方合作培养机制的目的是推动高校、企业、科研院所的深度合作,开发和发展新的合作模式,建立一套创新资源共享、培训机制完备、培养内容丰富多样、培养形式规范的创新型人才培养体制。

第一,加大中小型企业向创新型企业转型的政策扶持力度,给予一定的资金支持,呼吁各投资方踊跃对高校、企业、科研机构三方合作的项目进行投资。在该类投资模式下,为充分调动投资方的积极性,政府可将在项目投资上获得的部分收益让利于针对创新项目的投资机构。引导、鼓励企业将更多的科技资源投入与高校和科研机构合作的项目中去,同时学校和科研机构也应建立专门与企业对接的组织。参与三方合作的科学研究机构,经过国家有关部门的审核鉴定之后可以享受到一定的优惠政策。

第二,进一步加大对由企业牵头,高校与科研机构参与的三方合作的创新项目的支持力度。鼓励企业和高校、科研机构以某种共识为基础

达成深度合作，并对三方提供的技术、资源、信息进行整合利用，应重视对国外一些高水平技术的借鉴和引进，借助高校、科研机构的力量形成颇具企业特色的新技术，鼓励各大企业积极参与对基础资源和相关技术的升级改造。对于那些由企业牵头和主导，联合高校和科研机构的项目，应适当放宽获得创新、科研奖励的条件和门槛。那些已经得到充分认可的项目，应给予更多优先鼓励和扶持的机会，推动合作的继续深入进行。

第三，鼓励企业和高校、科研机构共同构建有利创新的新环境。国家应引导、鼓励高校、企业和科研机构一起构建科学技术生产基地。经过相关部门审核通过之后，其生产基地可获得一定的优惠政策和资金支持。政府应支持高校、科研机构和企业在创新型人才培养上达成一定共识，充分利用高校的知识和理论资源，为企业加快创新创业提供更高层次的服务，同时加大对知识产权的保护力度，严厉打击各种侵犯知识产权的恶劣行为，使所有参与项目研究的成员都能充分享受到科研成果所带来的福利。

四、创业竞赛与教学、科研协同创新机制

要真正健全创业竞赛与教学、科研协同创新机制，首先要做的就是改善当前的创业环境和创新氛围。尽快组建并使用各种创业竞赛实践平台，如训练基地、创客空间和创新科技园等，引导和鼓励学生积极参与创新实践；同时要对创新创业竞赛的组织和举办有足够的重视，竞赛要有深度和内涵，分为多种层次、多种类型。学校要建立起创新型人才评定和选拔标准，可实行创业学分制，如依据学生在其所参加创业竞赛和

项目中的具体表现和成果，根据相应的评定标准，给予其适量等同于专业课学分的学分奖励。其次，优化学校管理架构，实施弹性学制，将传统的本科固定四年学制调整为灵活的三到六年学制。此外，还需健全创业竞赛奖励机制，有明晰的奖金方案，创业竞赛经历可作为学生评优评先的有力筹码，特别是竞赛中的突出表现和所获得的奖励。再次，要深化校企联合育人。大力支持校企合作，引导学校和企业共同致力于培养具有创业创新能力的新型人才，大力推动有助于实现这个目标的各项活动，如社会各类组织间多维度的深度合作与交流；高校与高校之间互通有无、交流协作；学校和科研机构相互配合，学校和政府联手实施走出去的战略。

加快创新创业师资队伍的建设步伐，成立教师教学发展平台，不断改良教师的教学方式，改进教师的教学观念，提升教师的创新意识和创新能力，提倡教师与社会企业的紧密接触，甚至深入企业学习、考察，促使学校教师的全面转型。建立起关于创新竞赛方面的教师评价标准和奖励制度，通过合理的评价和考核，形成针对教师的淘汰、奖励制度。除此之外，考虑引进校外有创业竞赛经验的优秀教师，并实行学校和企业的双导师制度。

加大学校对创业竞赛的支持力度，建立健全创业竞赛的各项制度，如信息公布机制、监督管理制度等。完善学校的创业服务制度，设立专门服务于创新的机构，帮助有创业想法和创业能力的学生实现理想。对学校师生全天候免费开放创业科技园和创业孵化基地，并免费提供相应的设备、场地、信息支持。积极营造浓厚的校园创业氛围和适宜的创业环境，加大学校各种创业竞赛的宣传力度和奖励措施，鼓励更多的学生参与到各种创业竞赛活动中去。

五、以创新推动高校内部改革，提高各部门协同创新的能力

人才的培养是各高校的首要任务，高校不仅要重视学生的知识学习和学术研究，还要重视学生基本素养和综合能力的提升，将其培养成基础知识扎实、创新能力强、品质高尚的新时代人才，以此助力我们国家向创新型国家转型，为经济发展持续输入重要力量。要想让高校的创新型人才培养进程稳健有序地进行，使高校教育真正转型为创新教育模式，就必须推进高校内部朝创新性方向进行改革，让学校各部门相互间和谐发展，如此创新之路才能持久。

除此之外，高校学生的创新能力提升必须借助于创新驱动发展模式的落实。高校各部门之间的协同创新，本身就是一种理念层面上的创新，是高校教育向创新方向延伸发展的结果。协同创新的思想和高校教育改革、科学技术改革密切相关，在推动科学技术成果向经济、社会价值有效转换方面起到重要作用。以科学技术的改革推进高校整体教育体制的创新改革，进一步推动日常教学和科学研究逐步走向协同，促进高校的知识和理论向社会实际价值的转换，提升高校培养创新型人才的能力。

六、高等学校人才培养方案的优化与管理

（一）高等学校人才培养方案管理中存在的问题

1. 重制订轻执行，未形成完善的人才培养方案管理机制

制订人才培养方案是高校进行人才培养工作的首要前提，但是人才

培养方案的执行要重于制订。一个好的方案,如果在实施环节不能得到严格执行,就无法实现预期效果。因此,严格执行人才培养方案,才是确保人才培养质量的重中之重。目前,各高校普遍缺乏健全的人才培养方案管理机制,对于方案执行情况的监督流于形式,一般仅通过教务处上课情况检查、督导专家听课、期中教学检查等方式进行监督,但是这种监督方式无法保证人才培养方案的执行质量,无法实现对人才培养效果的监督和检验。

2. 人才培养方案的制订与现实脱节,造成管理困难

人才培养方案需要深度考虑到社会人才需求以及高校的实际情况,制订者需要从社会需求、政府要求、教师教学和学生学习四个层面出发,对社会的发展、专业学科知识以及学生特点等诸多因素进行深入的探索和研究,因此人才培养方案仅仅从个人的经验判断是远远不够的。然而,现实情况是,现下高校的人才培养方案是由相关专业的教研室主任自行决定的。方案制订后,其审核程序完全行政化,缺少交流、审议等环节,没有全体教师和学校其他部门以及社会力量的参与,方案的制订因受到个人的特质和专业背景的限制,导致实际执行难度大、内容不够严谨、未能很好地契合社会需求、方案的学术性低等问题。这样一来,广大教师、学生的积极性得不到充分调动,专业教师就难以完全按照方案执行,造成执行过程难以操控、管理困难。

(二) 人才培养方案优化与管理

1. 调整、优化专业结构布局,服务区域经济社会发展

学院建立之后,深切围绕着创新型人才培养,建立专业结构,设置

专业布局，快速提升专业数量。伴随着科学技术和社会政治经济文化的进步与发展，我国产业、行业、职业的结构和内容都发生了翻天覆地的变化，新兴行业越来越多。面临这些变化，如何紧紧跟上行业调整、进步的节奏，让学校走出的人才更具有竞争力，是学校人才培养工作急需解决的重要问题。为此，学校应根据专业评估结果和与社会现状的比对，分别对各个专业进行了学科发展方向和规划方向上的适度调整，明确从提高各专业的群体效应目标方向，对专业设置进行调整，整合和改革传统行业，优化专业结构；扶持新生但市场需求大的专业，继续扩大学校优势专业的影响力，重视发展能够直接服务于地方经济建设、适应劳动力就业市场变化需要的工科专业，学校还积极进行专业结构的调整，努力创建科学合理的专业布局。

2. 优化课程体系，搭建科学的育人平台

人才培养方案在制订时，需要全方位展示课程结构的优化性，从而打造一个良好的培养和引导创新型人才的平台基础。搭建融先进性、科学性、实用性和地方性于一体的课程体系，在先进理念的深入指导下行事。系统科学地为构建合理的课程体系提供稳健的基础。子系统和分系统是构成健全系统的两大类别，子系统是构成整个系统的具体成分，体现的是系统各要素的分布情况；分系统是整个系统的活动方式，体现的是各个系统之间的相互作用关系和联系程度。从系统科学的角度对课程体系的属性和功能进行阐述，子系统是对课程体系结构的横向展示，通过与课程体制结构深度融合，寻找最适合的课程设置；分系统则是对课程体系结构的纵向展示，通过实现具体培养主旨和培养目标，深度体现课程在人才培养过程中发挥的重大作用。明确课程体系子系统和分系统的根本区别和各自功能．一方面保证了每一门课程的合理性和系统性，另一方面有助于整体课程体系趋向于科学性和完整性，促使课程体系更好地发挥整体育人效果。

3. 落实人才培养方案的实施，加强人才培养方案的管理

(1) 加强师资队伍建设

高水平的教师是人才培养的实践者和领路人，就算是拥有很科学的人才培养方案，也无法在优秀教师缺乏的情况下取得良好的效果。因此，高校一定要十分重视高素质教师队伍的组建，切实采取有效手段，全方位、多角度提升教师整体素质水平。人才培养方案很明显的特征是理论课学时的减少和实践课课时的增加，重点对应用型人才进行挖掘和培养。因此，教师队伍的组建应重点把握以下两个方面：一是高素质水平教师的培养，二是双师型教师的培养。拥有高素质水平教师和双师型教师的优质教师队伍，是高校真正充分落实人才培养方案的必要保证。

培养高素质水平教师，需要做好以下几项工作：第一是要加强学科建设，为优秀教师的成长和提升，创造良好平台；第二是要完善培训制度，建立和完善教师培训、轮训进修、国外访学制度，全面提升教师综合水平；第三是要营造良好的氛围，营造鼓励师生积极创新的文化气氛，不怕失败，勇于尝试；第四是要加大人才引进力度，出台更多有利于挖掘、吸引人才的方案和措施，招揽大量的拥有巨大潜力的优秀青年教师，形成人才聚集效应，壮大优秀教师队伍；第五是进一步优化政策结构，打造鼓励教师勇于探索、开拓进取的文化环境；第六是创建和优化教师

创新创造奖励机制，吸引人才、留住人才，刺激人才积极发挥自身的创新创造才能；第七是建立一套能客观地综合分析、使用人才，有助于让真正优秀人才脱颖而出的公平的评价标准和制度。只有这样，高校才能形成"教学大师"级的教师队伍。

双师型教师的培养需要学校和企事业单位通力协作。一种方式是企事业单位的高级专业技术人员入校，直接为学生的学习和实践提供指导；另一种方式是学校选派优秀教师下基层实践，掌握实际操作技能、丰富自己的教学技能后，再回到学校教书。

（2）加大实践教学的比重

培养应用型人才至关重要的环节就是实践。传统的实践教学方式主要是在实验或实训中，让学生进行验证、观摩、浏览或帮工，这样培养出来的学生难免理论能力高于实际操作能力。怎样让学生拥有正确的价值观、合理的职业规划，是高校需要解决的重大难题。

针对此问题，笔者进行了一定的探索分析，具体有两个方面内容：一方面是对实验教学的方式和模式进行改革，弱化验证性实验的地位，强化突出综合性、研究性、创新性实验，以更多、更高效的实践经历，提升学生的动手能力，同时要依据学校的实际条件在一定程度上增设开放性实验和模拟生产、模拟科研等实验，为学生进行实验设计、操作及验证提供便利条件，充分发挥实验室的功能和作用；另一方面是开展校企合作模式，结合专业方向，与用人单位谋求深度合作，增加顶岗实训、实习的机会，让学生更早走进企业，真正参与到实际工作中。

（3）加强执行过程的监督管理与指导

人才培养方案具有权威性和严肃性的特征，实施过程中必须有坚持贯彻到底的态度。高校等教学单位和组织想要实现规范化教学管理，就必须合理安排各个教学环节，保证每一门课程，包括大纲、教材、教师等全部遵循人才培养方案的指导，不得有丝毫的偏离。课程安排、课时数量和开课学期等人才培养方案的具体内容在未经学校同意的前提下，任何组织和个人不得做丝毫改变。为切实推动人才培养方案的顺利实施，学校应制定关于本科人才培养方案实施管理办法方面的规章制度，对落实人才培养方案过程中的各个环节做明确规定和要求，监督、指导人才培养方案有效实施。

人才培养方案的制订和实施是一项非常复杂困难的工作，牵涉到学校教学管理以及人才市场要求等诸多因素，既要形成创新效应，又要能够有效实施。只有如此，地方本科院校才能在人才培养、科学研究、社会服务等方面准确定位，办出特色，科学发展。

第六章　我国高校创新型人才发展战略

第一节　人才战略概述

一、人才战略的内涵

战略是决定全局的谋划和策略。"战略"一词来源于希腊文,意指"将军的才能",因此,"战略"这一概念最初源于军事实践活动。随着人类社会实践的发展和竞争领域的扩大,"战略"一词被广泛地应用于军事以外的领域,如政治、经济、科技、教育等。战略成为泛指更大的、带有全局性的或决定全局的谋划与策略。

人才战略是国家为实现经济和社会发展目标,把人才作为一种战略资源,对人才培养、引进和使用作出的重大的、宏观的、全局性构想与安排。人才战略是对人才工作的全局性或决定性的谋划,应着重于从解决人才问题的宏观指导思想和总体规划来研究。人才战略不仅仅强调总体规划,重点在于对人才工作的目标和远景要有所侧重。

人才战略的本质是指人才是一种战略资源,它的核心是培养人、吸引人、使用人、发掘人。人才战略包含了丰富的内容,归纳起来集中于以下几点:一是加强人才创新机制,为人才提供一个良好的发展氛围;

二是完善人才管理模式，做好人才流动和选拔任用工作；三是加强人才队伍建设，系统培养开发人才。

二、人才战略的性质

人才战略是基于人的全面发展和全体成员的发展来实现的，人才战略的特征归纳起来有以下几个方面。

（一）全民性

创新型人才战略不仅是国家之间、地区之间和部门之间在人才培养和用人制度上的竞争，同样也体现了人与人之间的竞争。人才战略涉及千家万户，它是人类对社会资源的一种最基本的配置方式。人才战略的制定包含了两个层面，一方面是人才自身在争取成功的资源，另一方面是用人机构对人才的选择、争夺和使用。

（二）系统性

系统性一是体现在人才政策涉及的多方面领域，如教育、科技、法律和政治方面。二是体现了人才与人才之间，人才与人力之间的关系。例如，我国在人力资源培养方面，过多地强调精英模式，而忽略了技术工人的培养，使技术工人变得非常抢手。三是人才群体的系统，同一层次，同一规格的人才堆积在一起，有时不仅不形成合力，反而会形成一种内耗。四是人才战略应体现显性人才与隐性人才的关系，对于隐性人才要加大培养开发力度。

（三）持久性

社会稳定与经济繁荣都要求人才战略能够拿出更加科学的制度设计。

而在制度设计中，社会资源要配置给效率高的群体和阶层，不是轻而易举能够做到的，有一个认识过程，包括对旧的配置方式的错误性或落后性的理论论证和实践论证。另外，我国在国际人才竞争中相对处于弱势地位，不是一朝一夕能够改变的。我国的人才处于不断流失当中，这就决定了人才战略的持久性。

（四）实践性

人才战略作为人才政策的一种制度设计，要接受广泛的社会实践的检验。这种实践性主要体现在以下几个方面：一是实施对象的广泛性，即人才战略的应用程度。只有当战略事实的情况足够广泛时，或者具有最大多数的群体参与时，人才战略的价值才能体现出来。二是实施过程中的可操作性，具体包含观念认同、自觉执行等内容。三是体现在社会各阶层对政策导致的负面因素的容忍度上，任何制度的调整都会在一定程度上出现负面效应。

第二节 高校实施创新型人才战略的内容

高校实施创新型人才战略是一种多方博弈的群体动态活动，它需要对创新型人才培养和开发、创新型人才激励及评价、创新型人才发展环境等一系列内容进行整体设计。

一、高效实施创新人才战略的内容

（一）创新型人才的培养和开发

创新型人才的培养和开发是高校实施创新型人才战略的基础。任何高校都不可能单纯依靠人才引进来实现其事业发展，而只能是起到补充作用。在创新型人才培养和开发上，高校应当注意两个问题：一是创新型人才培养是一项系统工程。深化教育体制改革，关键是更新教育观念，核心是改革人才培养体制，目的是提高人才培养水平，人才培养不是一项简单的单项工作，而是一项系统工程，必须着眼于整个培养系统的建立和创新。二是创新型人才开发要坚持系统培养。人才成长是一个复杂的社会过程，包括个人天赋、家庭培养、学校教育、社会使用等诸多环节，而且这些环节均包容在由体制、文化、制度以及社会经济基础等多重因素构成的综合社会环境中。

（二）创新型人才的考核评价及激励

一套科学的考核评价制度，有益于推进高校研究工作的科学价值及社会意义，能够充分调动创新型人才的积极性和创造性。高校对于创新型人才的激励，首先是要破除现实生活中许多人为的障碍设置。高校许多人都具备创新的素质和天赋，但只有少数人获得了成功，做出了创造性的贡献。原因一是创新者的个人力量太渺小，面对着强大的习惯势力，创新者有所畏惧，不敢将创新的思维继续下去。二是创新者出于生活的压力，环境的制约，在创新道路上半路夭折，前功尽弃。所以高校对创新型人才激励，首要的就是为他们创造一个好的环境，其次是高校对于创新型人才的资源配置，实施最优化的方案，即给优秀的创新型人才配置优秀的资源，从而保证社会资源的有效利用。对于创新型人才的激励，就是在寻求创新型人才对于创新资源的最佳配置方式。

（三）创新型人才的发展环境

环境无论是对于人才战略的制定，还是人才战略的实施，都是至关重要的。高校创新型人才发展环境主要包括以下内容：一是政治环境。政治环境的稳定，可以使人安居乐业，也是高校人才成才的首要因素。二是制度环境。制度环境是创新型人才发展的基础。制度环境中的公平度、自由度和透明度，都对创新型人才具有明显的影响。三是文化环境。在高校中要形成尊重知识、尊重人才的良好风尚。另外在对创新型人才的认可问题上，不能墨守成规。四是法律环境。高校拥有一个良好的并能够做到与时俱进的法律环境是创新型人才成长的必备条件。此外，高校营造良好有利的创新文化环境还要加强文化和科技的互动，在学习基础知识的同时，注意与实践相结合，提升动手操作能力。

二、高校实施创新型人才战略的必要性

在知识经济时代，人才资源决定着一个国家综合国力的强弱和国际竞争力的高低。当前，国际上高层次人才争夺战正在激烈上演，发达国家凭借其综合优势继续猎取世界范围内的尖端人才，发展中国家也在千方百计地吸引海外人才回国，国家间的人才争夺更加激烈，也将长久持续下去。高校作为吸纳和培育创新型人才的重要基地，高校创新型人才战略的有效实施充满必然性。

（一）创新型人才是增强高校竞争力的重要力量

知识经济是以智力资源为资源配置第一要素的经济，而智力资源最本质的特征就是创新能力。创新是知识经济的灵魂，也是新时期国家在激烈的国际竞争中立于不败之地的关键所在。目前我国已进入全面建成小康社会、加快实现社会主义现代化的新阶段，对创新型人才队伍建设

提出了更高的要求，特别是通过加大对高校的综合建设，吸引、培养了一大批具有创新意识和创新能力的创新型人才，取得了一系列突出的成就。当前高校的竞争不仅仅是国内高校与高校之间的竞争，更多的是世界范围内的竞争，高校的发展也就自然地被列入了新的市场经济体系下，日趋激烈的竞争归根到底还是体现在创新型人才培养的数量及质量上，因此，高校要在激烈的竞争中求得生存和发展就必须实施创新型人才战略。

(二) 高校实施创新型人才战略影响社会创新程度

高校作为创新型人才培养的重要基地和人才汇聚的战略高地，在国家实施的人才强国战略中有着特殊的责任和使命。因此高校实施创新型人才战略不仅关系到高校的创新发展水平，而且影响到我国社会的创新程度。增强社会创新能力，创新型人才是第一资源。目前我国人才总量规模已跃居世界第一，但几乎在所有层面，从外资企业到内资企业，从政府机构到学术机构，都在反映人才不足，这个人才不足，更准确地说，指的是在产业结构、技术结构加速升级的背景下，能够领先一步、创造新价值的人才不足，也就是人才创新能力不足。

第三节　我国高校实施创新型人才战略的方法

一、树立人才引领理念，改变人才组织形式

人才是经济社会发展的第一资源，加强人才培养工作是加快我国高校发展的重要保证。目前高校人才总量、素质、结构还比较薄弱，尤其是推动振兴发展急需的高层次、高技能、创新型和复合型人才严重短缺，这就决定了我们必须坚持党管人才，创新型人才工作体制机制，把人才放在优先发展的位置，以人才优先发展引领和带动学校教育事业的发展。

（一）人才引领的基本内容概述

人才成为支撑高校科学发展、创新研发能力增强的原动力，确立人才优先发展的战略地位，建设人才高地，转变思想观念显得尤为重要。

第一是要树立人才引领理念，以人才结构调整引领创新型人才培养渠道；第二是要树立人才优先发展理念，走出学科发展困境，以人才引领高校的可持续发展；第三是要树立人才使用为本的理念，破除束缚人才发展的观念和体制机制障碍，最大限度地激发人才的创造活力；第四是要树立人才投入是效益最好的投入的理念，政府加大对人才发展的投入力度，建立多元化的人才投入机制；第五是要树立创新伟大、创业崇高、创优光荣的理念。

高校要培养出具有创新意识、创新理念的基础型人才队伍，把各类优秀人才汇集起来，形成人尽其才、才尽其用的局面，为高校创新型人

才战略提供充分、厚实的人才支持和智力支持。

(二) 创新型人才引领高校发展

1. 创新型人才是强校、兴校的决定性因素

人才问题，始终是高校改革与发展的核心问题和头等大事。高校依靠创新型人才获得进一步发展，创新型人才则在高校中获得成长。要促进我国高等教育事业更好更快地发展，第一位起根本性和关键性作用的是人才、是师资队伍，这是高校不断提高综合实力和市场竞争力的根本所在。特别是在新形势下，高等教育既面临着千载难逢的发展机遇，也面临着前所未有的严峻挑战，不进则退。

2. 加强创新型人才队伍建设是适应当代学科发展趋势的要求

当代学科的内在发展趋势是学科间不断交叉、集成和相互融合，这种趋势不断产生一些新的学科、新的领域。这些新的学科领域正是创新的前沿阵地，也是竞争最激烈、最能带动经济和社会发展的领域，往往需要多学科、跨学科合作，需要大兵团作战和合作攻关。

3. 高水平的创新型人才队伍是高校提升自身核心竞争力的关键

高校作为人才汇聚的战略高地和人才培养的重要基地，承担着培养数以千万计的专门人才和一大批拔尖创新型人才，建设高水平师资队伍的重任。创新型人才是高校核心竞争力的依托和载体，是科技创新的关键。当前世界的竞争，从根本上说是人才的竞争，人才兴，则事业兴，拥有一批德才兼备、创新力强、适应社会发展的高水平创新型人才，为科技开发提供强大的智力支持，是加快高校发展和提高核心竞争力的重要保证。高水平的创新型人才队伍也是高校加快科技成果转化的重要

保障。

（三）坚持党管人才原则

坚持党管人才原则，要充分发挥党的领导核心作用，充分发挥党的思想政治优势、组织优势和密切联系群众的优势，为做好人才工作提供坚强的政治保证，更好地统筹人才工作，更好地组织起浩浩荡荡的人才大军。党管人才，要重点做好制定政策、整合力量、营造环境的工作，努力做到用事业造就人才、用环境凝聚人才、用机制激励人才、用法治保障人才。

第一，以科学发展观为指导，转变观念，树立科学的人才观。第二，创新型人才工作机制，建立健全"党管人才"的责任体系。第三，积极营造良好的创新型人才发展环境，激发创新型人才的创新创业活力。高校还需积极营造鼓励创新的环境，切实为创新型人才提供包括工作、学习、生活等在内的配套完善的服务保障，为创新型人才发展创造条件、提供机会。坚持物质激励与成就激励、精神激励相结合，建立与劳动和贡献相适应的薪酬制度以及保险保障制度，对贡献突出者予以重奖。

二、营造创新文化氛围，构建人才发展环境

每个个体都必须依赖一定的环境才能生存发展，环境既是人才产生的土壤，也深刻影响着人才能力的发挥。高校实施创新型人才战略，需要构建良好的创新环境。

（一）高校实施创新型人才战略的文化环境建设

文化是价值观念和哲学思想的集中体现，它是潜移默化影响人们思

想观念、行为举止的巨大软实力。在高校接受过创新教育培养与训练的学生，在接受需要创新才能完成的工作时，其成功率要比其他学生高出数倍。创新已成为一个民族经济持续快速增长的主动力。因此，高校开发人的潜能、发展人的创造性，是目前教育的一个主要任务。

1. 构筑个性鲜明的大学精神

一是符合学校的历史传统和实际条件，二是能发挥学校专长，三是学校有独立的思考。高校要根据自身的历史、师资情况、学科设置等各方面的因素考虑自己的定位。

2. 倡导自由开放的学术环境

学术自由不仅是追求真理的前提，而且是高校创新型人才成长的必备土壤。学术自由本身就是一种价值教育，能锻炼学生的独立性、批判性和反思精神，具备了这些精神有助于个体成为全面发展的人才，最终有助于社会创新程度的提升。可以创造包容失败的舆论与机制，营造教授治学的良好风气。

（二）高校实施创新型人才战略的教育环境建设

当前我国高等教育缺乏创新活力、创新型人才培养滞后，其关键还是在于制度问题。一些正确的教育观念，过去也不是没有提出过，之所以收效不大，一个重要原因是缺乏制度保证，存在"制度缺陷"。所以我们需要着力解决高校制度性障碍，使大学能够依法自主办学、自主治校，最终使高校根据自身的规律办学、治校、发展。

1. 找准方向，加快推进考试招生制度改革

①改变一考定终身的考试制度；②加大对学生创新能力考核的力度；

③高校自主制定录取标准、方法；④建立多元化录取机制。

2. 强化高校学术权力，推进民主管理

影响高校的力量通常来自市场、政府和高校自身。建立现代高校管理制度，关键在于政府。在高校的改革中，政府始终发挥着重要的指导和推动作用。当然，外部环境只是变化的条件，内因才是变化的根据。行政权力为学术权力服务，是学术权力的必要补充和保障。二者共同对高校事务进行管理，共同发挥权力职能，相辅相成。

（三）高校实施创新型人才战略的法治环境建设

近年来，随着教育制度和人才制度改革的逐步深入，高校人才管理工作的规范化建设有了很大进展。当然，与当前高校实施创新型人才战略的要求相比，距离拥有完善的法治环境还有不小的差距。为此，要进一步健全和完善创新型人才的政策法规体系。一要加强创新型人才管理法治化，使创新型人才法律法规体系更具有针对性；二要完善创新型人才流动法规体系，使之具有较强的操作性。

三、建立创新型人才机制，落实人才保障体系

在国家创新体系建设中，高校作为创新型人才培养的重要场所，是国家创新体系的重要组成部分。高校实施创新型人才战略，必须高度重视人才工作体制和机制的建立和完善，高度重视人才队伍的建设。

（一）建立有利于促进创造力的考核机制

建立科学的考核评价机制，从政策上、机制上引导学术人员提高学术水平，培养求真务实的学术精神，形成有利于优秀学术人员脱颖而出

和广大教师醉心于学术工作的考核机制，既是积极调动学术人员的积极性和创造性的根本所在，更是实施创新型人才战略的必要条件。

为了确保科学研究的质量、明确研究内容和研究战略、优化资源配置和实现合理预算，可通过同领域专家意见来强化监察职能，对从事研究的个体进行多方面的客观评估，在明确目标成果的同时，灵活使用量化指标。把研究质量与个人研究能力的评价相结合，积极促进科研创新成果产出和实现个人能力的持续提升。对研究者的代表性研究成果加强以质量指标为中心的评价，通过公正客观的评估，为研究人员提供更多的机会以激发其创造力和科研热情。此外，还可以建立适应不同类型研究人员发展特点的不同的评价方式。

(二) 建立合理而规范的人才激励机制

高校实施创新型人才战略，需要合理而规范的激励机制。建立健全创新型人才激励机制，是促进高校人才健康成长，激发人才活力和创造力的根本保证。强化创新型人才激励机制，对稳定我国高校人才队伍有重大作用，对实现人才强国战略有重大意义。

第一，在加大物质保障力度的同时，建立多元化的报酬体系。这就要求高校在薪酬体系设计方面大胆探索和改革，建立符合不同类型科研活动特点、体现科研人员劳动价值、合理而规范的薪酬体系，使科研人员有合理而稳定的收入，从而达到与自己工作成果相适应的满足感。

第二，关注人才个体成长，个体成长主要包括工作兴趣的满足、专业知识的应用、个体发展机会和承担挑战性工作四个方面。

第三，培养和造就良好的科研文化氛围，营造宽松的人际关系环境，使创新型人才能心情放松地投入工作。

第四，其他一些辅助激励措施。比如情感激励，感人心者，莫先乎情。创新型人才的任何研究，都需要一定的情感推动。高校人才的普遍信念都是想成就一番事业，高校满足他们的成就欲望，合理晋升，就会产生巨大的激励作用。

（三）完善和创新人才的优化配置机制

我国高校实施创新型人才战略，完善和创新型人才的优化配置机制是关键，要充分体现公正、平等、竞争、择优的原则，为优秀创新型人才的脱颖而出创造有利条件。

加强对高校教师岗位制度的管理，强化竞争机制。在分配方面，要体现按劳分配、多劳多得、优劳优酬的原则。加强对高校人才流动的宏观调控，引导创新型人才合理流动，从而改变当前存在的人才资源地区、单位间分布不合理的状况。解决高校间区域均衡问题，缩小差距。改革户籍制度，消除户籍对人才流动的壁垒作用，形成人才有序流动的新机制。加强高校创新型人才国际交流和高水平项目合作，和国外有关机构建立经常性的合作研究与交流机制，提高高校创新型人才参与高水平、实质性的国际合作与交流的能力和成效。

（四）健全创新型人才的保护机制

健全创新型人才保护机制，是高校实施创新型人才战略的关键。吸引和留住创新型人才，除了依靠报酬，更要靠发展和环境。因此，健全创新型人才保护机制，这是高校实施创新型人才战略的重要依据和保障。

首先，要进一步形成保护创新型人才的环境。我国高校在实施创新型人才战略中，要将良好的社会风尚与完善的用人机制、科技政策、人才政策、收入分配政策、知识产权保护等相关机制紧密联系起来，充分创造各方面条件，让知识转变为财富。进一步营造良好的工作环境和生活环境，充分保护创新型人才的积极性、主动性和创造性，激发出他们自身所蕴含的巨大潜力。

其次，加快完善创新型人才保障制度，从根本上解决创新型人才的后顾之忧，使他们能够全身心地投入到工作中去。创新型人才保障制度是让创新型人才在生活中有安全感的一种保护性措施，是促使创新型人才成长和进步的动力保障，所以要健全拔尖创新型人才的社会保障、配套服务、知识产权保护制度，以确保他们的利益。

四、遵循人才开发规律，加强人才系统培养

高校创新型人才培养开发是一项系统工程，需要遵循系统培养的人才开发规律，加强人才系统培养和遵循人才开发规律，对于高校创新型人才发展规划和进一步提高高校创新型人才工作能力，服务科学发展具有重大的意义。

"十年树木，百年树人"，人才开发需要长期持续的系统培养。高校创新型人才培养和开发作为一项系统工程，要始终遵循人才资源开发规律，首先是建立继续教育培训体系，其次是健全高校教育与实践相结合的培养体系，最后是完善科研与生产结合的创新体系。全面规划、系统培养人才，形成人才辈出的良好局面。

在创新型人才系统培养开发方面，主要有三个方面的具体实践探索。

（一）重视拔尖人才的引进

改革开放以来，虽然我国高校创新型人才队伍不断壮大，素质不断提高，在多领域取得了很大的创新成果，但在很多专业性比较强、技术要求比较高的领域相对于发达国家还是有很大的差距。优秀拔尖人才的引入，会使我国高校研发能力得到大幅度提升，高新技术和社会经济得到飞速发展。

（二）加大创新型人才开发并合理利用

高校加大开发创新型人才资源力度，需坚持人才、科技和教育三大规划协调配合。科技是关键，教育是基础，人才是根本。兴国靠科教，强国靠人才，发展要可持续，三大战略，缺一不可。科技活动其本质就是科技人才的活动，属于人才的实践性开发；教育活动其本质就是人才培养活动，属于人才的前期开发。因此，高校实施创新型人才战略不能孤立地实施，需要与科技规划、教育规划紧密协调配合，共同进行人才开发。第一，高校对创新型人才开展职业生涯设计指导工作。针对不同类型的人才的素质和能力，提供不同的发展道路，不论是专业技术性发展道路，还是行政管理类发展道路，使得人尽其才，才尽其用。第二，高校对创新型人才的工作分配，要充分考虑其特长和爱好。根据个人特长分配其岗位。同时，还应开通高校内部人才交流渠道，通过双向选择，实现人才优化配置。

（三）更新培养创新型人才教育观念

传统教育统一教学计划、统一学制、统一管理，忽视了对学生天赋、潜能、优势的开发，这种以牺牲学生个性发展为代价的整齐划一的人才培养模式，已经越来越不能适应社会对人才多方面的需求。

1. 更新传统的教育质量观念

现代教育质量观念强调知识、能力、素质协调发展。长期以来，在教育的质量观上，人们往往只把受教育者获得书本知识的多少作为衡量教育质量的唯一标准，这无疑是片面的。

2. 深化课程体系与教学内容改革

课程体系与教学内容改革是创新型人才培养模式改革的主要落脚点，也是教学改革的重点和难点。为适应现今学科发展相互交叉、相互渗透、既高度分化又趋于综合的发展趋势，深化课程体系改革，需从以下几个方面着手。

第一，完善学分制，实行弹性学制，促进文理交融；以学院或系为单位设置基础课程，打通学科专业限制，宽口径培养，为学生创新能力的提高打下宽广厚实的知识基础。第二，推进课程改革，加强教材建设，建立健全教材质量监管制度；深入研究、确定不同教育阶段学生必须掌握的核心内容，形成教学内容更新机制。第三，支持学生参与科学研究，培养学生的科研精神和科研能力。把科学研究引入到教学中，在教学中培养学生的科研精神，在创新实践中培养他们的探索兴趣和创新能力。第四，组织学生开展"创优、创新、创业"活动与比赛，通过多样化的活动，培育大学生的社会责任感，激发他们的创造潜能。

3. 创新教育教学方法

遵循教育规律和人才成长规律，创新教育教学方法。首先，注重学习与思考相结合，倡导讨论式、参与式教学，培养学生的兴趣爱好，激发学生的好奇心，营造出独立思考、勇于创新的良好环境。其次，注重知行统一，坚持教育教学与社会实践相结合，开发实践课程，增强学生技能实训的成效，充分利用社会教育资源，开展丰富的课外活动。最后，注重因材施教，关注学生的不同特点和个性差异，发展每一个学生的优势潜能。推进学分制、导师制等教学管理制度改革。改进培养方式，在转换专业及选修更高学段课程等方面给予支持和指导。

参考文献

[1] 方明,谷成久.现代大学制度论[M].合肥:安徽大学出版社,2007.

[2] 傅进军.创新型人才培养的教育环境建设研究[M].北京:科学出版社,2011.

[3] 张家勇.哈佛大学本科生课程改革研究[M].广州:广东教育出版社,2011.

[4] 林崇德.创新型人才与教育创新研究[M].北京:经济科学出版社,2008.

[5] 洪锁柱.创新型人才培养机制研究[M].长春:吉林人民出版社,2021.

[6] 冉小峰,施锦丽.深化高等教育改革创新型人才培养[M].北京:旅游教育出版社,2021.

[7] 徐骏,王爽,施双艳.三位一体的创新型人才培养[M].北京:海洋出版社,2019.